Beat Gloor

Der kleine deutsche Wortschatz

lector books

Eine Reise ins Unterholz der deutschen Sprache

Dies ist kein Lehrbuch. Es will auch keine Theorie vorstellen. Der kleine deutsche Wortschatz ist eine Einladung zur spielerischen Sprachbetrachtung, die immer auch menschliche Selbstbetrachtung ist. Das Büchlein verdankt sich der Begeisterung darüber, dass deutsche Wörter gerne Verbindungen eingehen und immer wieder neue kleine Wortschätzchen zeugen.

Es war einmal ein Wort. Das hörte auf den Namen *stehen* und bezeichnete etwas ganz Einfaches. Immer wenn etwas aufrecht war, wurde das Wort gebraucht. Eines Abends traf es mehrere Vorsilben, die vor einer Bar standen und rauchten. »Kaum steht man da, kommt auch schon das richtige Verb daher«, sagte *ver-*, und alle lachten.

Die deutsche Sprache geht vom Menschen aus. Sie leibt und lebt. Sie wurzelt im Körper, die Aussprache folgt den Bewegungen des Brustkorbs, die Satzzeichen gliedern sie in Atemgruppen, am Ende des Satzes folgt das Verb und die Stimme sinkt mit der Spannung und dem Brustkorb zurück in den Atem. So hat es Georges-Arthur Goldschmidt in seinem Buch »Als Freud das Meer sah« plastisch beschrieben.

Auch die Schöpfung neuer Wörter ist ein körperlicher Vorgang. Das Deutsche ist ein Baukasten. Aus Silben und Wörtern lassen sich weitere Wörter bilden, die vielleicht nicht einmal im Wörterbuch stehen, deren Sinn sich jedoch intuitiv erschließt: unterkellern, Oberarm, Auf- und Abbau, Angstlust, Gegengegenmittel, zerfenstern ... Unser Wortschatz ist kein bloßer Wortvorrat, sondern auch ein System, mit dem sich jederzeit neue Wörter bilden lassen.

Im Zentrum der deutschen Sprache stehen die Verben *stehen, sitzen* und *liegen* mit ihren transitiven Formen *stellen, setzen* und *legen.* Da wird infrage gestellt, Irrtümern aufgesessen und etwas liegt an; Besitz, Gelage, Satz, Gesetz, Sitzung, Stellung und weitere Komposita lassen sich auf das Körperliche zurückführen. Anschaulich zeigt sich das beim *Gesetz* (setzen) und beim *Gesäß* (sitzen).

Oder der *Zufall* – etwas *fällt* uns *zu.* Aber woher? Wer wirft es? Ein Gott? Die Schwerkraft? Wirft man sich selber zu, was einem zufällig einfällt? Je näher man den *Zufall* betrachtet, desto mehr beginnt das Wort zu oszillieren und desto deutlicher wird, dass er weniger mit Statistik und Wahrscheinlichkeitsrechnung zu tun hat als mit den menschlichen Ursprüngen, dem Unterbewussten und dem Übersinnlichen. Aus Sphären, zu denen kein Zugang mehr möglich ist, fällt etwas in den wahrnehmbaren Bereich hinein.

Sprache als parallele Wirklichkeit…

Hat der Mensch die Sprache gefunden oder sie ihn? Jedenfalls versucht er seither alles, was er an Neuem sieht oder erlebt, auszudrücken, wiederzugeben, mit anderen zu teilen. Dabei gibt er den Dingen Namen. Als parallele Wirklichkeit hat die Sprache die Steine, die Pflanzen, Tiere und Menschen, ihre Gefühle und alles in und um sie herum auf einer zweiten Ebene neu geschaffen und zur Diskussion gestellt. Die Sprache zeichnet als parallele Wirklichkeit nach, was das Leben vorgezeichnet hat.

Sie tut dies auf einem tieferen Energieniveau – in einer Art Virtual Reality. So können wir sprachlich ausprobieren, was wir später vielleicht physisch tun werden. Wir können von Sachen reden, die wir vermuten, aber nicht wissen. Wir können Dinge und Vorgänge erfinden, die in der Wirklichkeit nicht möglich sind, sodass die Sprache das reale Leben oft hinter sich lässt. Das kommt der Sehnsucht der Lesenden und Schreibenden entgegen. »Ich baute mir ein Haus in Kolumbien und zog im Dezember mit Conchita ein.« Hier sind Monate voller Mühen, Pläne und Hoffnungen auf drei Sekunden zusammengefasst.

… und als Archiv des Wissens

Es gibt kaum ein anderes Gebiet, auf dem sich so einfach Entdeckungen machen und Erkenntnisse finden lassen. Das Wissen ist in der Sprache erhalten geblieben. Was war noch mal eine *Pfandleihe*? Das Wort sagt es: Gegen ein *Pfand* bekam man da Geld *geliehen.* Die Sprache ist auch Geschichtslehrerin. Wir sind *Nachfahren* unserer *Vorfahren* und haben eine *Zukunft* (was auf uns zukommt), aus *Widerstand* wird *wieder Stand*, und wer etwas *aufräumt*, tut neue Räume auf. Die Sprache ist dem Denken immer ein wenig voraus. Sie weiß mehr und sagt mehr über uns, als wir je mit ihr sagen können. Der deutsche Igel ist immer schon da.

Auch bei der Reproduktion bleibt das Deutsche körperlich. Die Schrift wird erst ge*stellt* (Schriftsteller), dann ge*setzt* (Schriftsetzer) und am Ende ver*legt* und in die Aus*lage* der Buchhandlung ge*legt.* Nun liegt sie wieder, wird aufge*lesen* und kann von Neuem ge*stellt* werden.

Sprache ist immer eine Abstraktion der Wirklichkeit. Doch innerhalb dieser Abstraktion bleibt das Deutsche so nahe an der körperlichen Realität – an der *Wirklichkeit* –, dass es zur weiteren Abstraktion kaum fähig ist. Die deutsche Sprache ist konkret – konkrete Volkskunst. Deshalb wusste sie auch schon alles, was man über die menschliche Psyche erfahren wollte.

Freud ist der Sprache gefolgt bis zum Punkt, wo sie im Unterbewussten verschwindet. Dazu hat er mit seinen Patienten gesprochen. Er hat ihnen und ihrer Sprache zugehört und sie beide zu verstehen versucht. Seine Patienten halfen ihm zu formulieren, was nur schwer auszudrücken war: Traumbilder, Gemütslagen, Ängste oder Vorstellungen. Aus dem Ringen um die Formulierung wurde ein Ringen um den Inhalt. Freuds Patienten waren allesamt Mitautoren. Mit vereinten psychoanalytischen Kräften haben sie herausgefunden, wie die Sprache als Rückgrat der Psyche aus dem Unterbewussten wächst und über das Ich und das Über-Ich hinaus Früchte der Erkenntnis tragen kann. Mit der Arbeit an der eigenen Sprache arbeiteten sie zugleich an der eigenen Erkenntnis, an sich selbst und an ihrer Menschlichkeit.

Sigmund Freud hat gebräuchliche Wörter verwendet (Ich, Es, Über-Ich, Angst, Trieb), um seine Erkenntnisse zu benennen. Sie lagen in der Sprache vor seinen Augen und drängten sich ihm förmlich auf. Umgekehrt bleiben seine Erkenntnisse in der Sprache verwurzelt. Sie trägt sie bis heute mit sich.

Wenn ein Patient zu formulieren versucht, was er fühlt oder denkt, hilft der Arzt ihm bei seinen Äußerungen im Vertrauen darauf, dass die Sprache sie ans Ziel führen wird. Das schafft ein tiefes Verständnis. Eine solche Analyse gelingt allerdings nur mit einem Therapeuten, der die deutsche Sprache kennt. Hätte Freud seine Theorie auch auf Englisch oder Französisch entwickeln können?

25 Vorsilben mal 100 Verben

Die deutsche Sprache ist durch ihre Körperlichkeit und die Möglichkeit, Wörter zu neuen Begriffen zu verbinden, bestens geeignet, Diffuses zu fassen und wiederzugeben. Die zahlreichen Komposita haben entsprechend differenzierte Bedeutungen. Einen Einblick in das weit verzweigte Bedeutungsgehölz gewährt eine Matrix aus 25 Vorsilben (*ab-*, *an-* bis *ver-* und *zer-*) in der Senkrechten und 100 Verben (laufen, fließen, ziehen) in der Waagerechten. Allein aus *stehen/stellen*, *sitzen/setzen* und *liegen/legen* entstehen rund 400 deutsche Wörter: abstehen, anstehen, aufstehen, bestehen – Abstand, Anstand, Aufstand, Bestand ...

Doch nicht alle deutschen Verben von *aalen*, *aasen* und *achteln* bis *zwinkern*, *zwirbeln* und *zwirnen* eignen sich zur Entwicklung neuer Wörter. Der kleine deutsche Wortschatz versammelt die 100 vielseitigsten Verben mit dem Ziel, in Kombination mit 25 Vorsilben möglichst viele Wörter zu erhalten. Von den Hilfsverben sind nur gerade *haben* und *lassen* dabei; *müssen*, *dürfen*, *mögen*, *wollen*, *sollen* und *können* (Kunst) haben sich als weniger interessant erwiesen als Vollverben wie *fahren* oder *machen* (Macht).

Wer 100 deutsche Verben und 25 Vorsilben kennt, kommt theoretisch auf einen Wortschatz von 2500. Der kleine deutsche Wortschatz enthält erstaunlicherweise mehr als die doppelte Anzahl. Mit den Vorsilben entstehen präzisere Ausdrücke (streichen: anstreichen, bestreichen, verstreichen), aber auch solche mit neuen Bedeutungen wie *abstreichen* (einer Aufgabe) oder *unterstreichen* (einer Tatsache).

Manchmal hat ein Wort mehrere, zum Teil übertragene Bedeutungen. So verwenden wir *einstreichen* für das Einstreichen zum Beispiel mit Sonnencreme, aber auch im Sinn von *Gewinne einstreichen.* Und *verstreichen* für eine Paste, aber ebenso für die Zeit, die *verstreicht.* Das Verhältnis von übertragenen Bedeutungen zu Präzisierungen (wie etwas getan wird) liegt bei etwa 1 zu 5.

Verben

Zum Beispiel das Verb *bauen*: Bei den Formen *abbauen, aufbauen* oder *einbauen* scheint es sich lediglich um kleine Sinnveränderungen zu handeln, indem die Vorsilbe das Verb präzisiert. Es entsteht aber auch ein übertragener Sinn: *abbauen* kann man gesundheitlich, *aufbauen* ein Vermögen, *einbauen* ein weiteres Kapitel. Besonders klar wird die Mehrdeutigkeit bei *ausbauen. Ausbauen* bezeichnet nicht nur das Herausnehmen von etwas, sondern auch eine Erweiterung: Er baute sein Haus aus. Oder seinen Vorsprung.

Ein ganz neuer Sinn entsteht bei *biegen.* Hier gibt es neben *verbiegen* oder *durchbiegen* auch *einbiegen* – ein Begriff aus dem Straßenverkehr. Der *Verkehr* wiederum ist aus dem Wort *kehren* entstanden. Aus *beugen* entstehen auf der übertragenen Ebene die Verben *verbeugen* und *vorbeugen.* Auch Wörter werden *gebeugt.* Oder Gesetze. Bei einigen Verben hat eine neue Form (ausbooten, verpflichten) das ursprüngliche Verb (booten, pflichten) auch verdrängt.

Vorsilben

Woher kommt eigentlich das *Zeichen*? Von *zeichnen* oder von *zeigen*? Mit der Vorsilbe *ver-* werden aus *zeichnen* das *Verzeichnis* und *verzeichnen,* aus *zeigen* die *Verzeigung* und *verzeigen.* Aber nicht alle Kombinationen sind schon mit Sinn belegt: *umbleiben, veressen, zerwalten, darfassen* oder *abwegen* sind als Formen zwar vorstellbar, haben aber keine offizielle Bedeutung.

Es passt auch nicht jedes Verb zu jeder Vorsilbe. Lateinische Vorsilben (ex, inter, de, trans) verbinden sich zum Beispiel kaum mit deutschen Verben, obwohl *interfügen* oder *deachten* ganz praktisch wären. Lateinische Verben und deutsche Vorsilben lassen sich dagegen gern miteinander ein, wie *durchexerzieren* oder *auseinanderdividieren* zeigen.

Solche Zusammenhänge machen den Charakter der Vorsilben deutlich. Zum Beispiel *ver-*: Wer immer wieder Böcke schießt, hat es *ver*bockt, wer dauernd zockt, hat sich am Ende *ver*zockt. Bei *ausbauen* kommt die Doppeldeutigkeit aus den beiden Richtungen der Vorsilbe: Er baute den Motor aus (heraus), aber: Er baute sein Haus aus (hinaus).

Aus 125 Wörtern sind 5000 geworden. Diese 5000 Wortmünzen im kleinen deutschen Wortschatz gewähren vielsagende Einblicke ins Unterholz der deutschen Sprache.

ab
an
auf
aus
be
bei
durch
ein
ent
er
ge
gegen
her
hin
hoch
nach
rück
über
unter
um
ver
vor
weg
wi(e)der
zer
zu

stehen*

Stand, ständig, ständisch, Statt, Stätte, stattlich, (an)statt, statthaft, Steher, Ständer, Ständchen, Standarte, standesgemäß

abstehen*, Abstand, abständig, abstatten, Abstattung
anstehen, Anstand, anständig
aufstehen, Aufstand, aufständisch
ausstehen, Ausstand, ausstatten
bestehen, Bestand, beständig, bestatten, Bestattung, Bestatter
beistehen, Beistand, beiständig
durchstehen
einstehen, Einstand, instand (stellen, setzen)
entstehen
(auf)erstehen, erstatten, Erstattung, Auferstehung
(ein)gestehen, (Zu-)Geständnis, geständig, Gestade
Gegenstand, gegenständlich
her(aus/um/vor)stehen
(da)hin(aus/ein/über/zu)stehen
hochstehen, Hochstand, hochstehend
nachstehen
zurückstehen, Rückstand, rückständig
überstehen, überständig
unterstehen, Unterstand
umstehen, Umstand, umständlich (miss)verstehen,
Verstand, verständig, (un/miss)verständlich, verständigen, (Ein-)Verständnis
vorstehen, Vorstand
wegstehen
widerstehen, Widerstand, Widerständler, widerständig, wiedererstatten, Wiedererstattung
zer
zustehen, Zustand, zuständig, zustande, Zugeständnis, zustatte

hintanstehen
Fortbestand
Missstand, Tiefstand, Urständ

stellen
Stelle, Stellung, x-stellig, Stall, still, stellbar

abstellen
anstellen, Anstellung, anstelle, Anstalt
aufstellen, Aufstellung
ausstellen, ausstellig
bestellen, Bestellung
beistellen
durchstellen
einstellen, Einstellung, einstellig
entstellen
erstellen
gestellt, Gestell, Gestalt(ung)
entgegenstellen, Gegenstelle
(da)her(an/ab/auf/aus/ein/über/unter/vor/zu)stellen
(da)hin(ab/auf/aus/ein/über/unter/zu)stellen
hochstellen
nachstellen
zurückstellen, Rückstellung
überstellen, Überstellung, überstellig
unterstellen, Unterstellung
umstellen**, Umstellung
verstellen, Verstellung
vor(an)stellen, vorstellig, Vorstellung
wegstellen
wiederherstellen, Wiederher/ein/erstellung
zer
zustellen, Zustellung

darstellen
hintanstellen
tiefstellen

* immer auch möglich: das Stehen, das Abstehen; nur hier bezeichnet
** úmstellen und umstéllen; nur hier bezeichnet

sitzen
Sitz, Sitzung, -sasse, -sässig, Sessel, Sattel, Sitzerei*

absitzen, absatteln
ansässig, Ansasse
aufsitzen, aufsässig, aufsatteln
aussitzen
besitzen, Besitz(ung), besessen, Besitzer
beisitzen, Beisasse, Beisitz(er)
durchsitzen
einsitzen, Insasse, Einsitz
ent
ersitzen
Gesäß, Gesitze*
Gegensitz
her(über/um/zu)sitzen
hin(aus/ein/über/zu)sitzen
hochsitzen, Hochsitz
nachsitzen
zurücksitzen, Rücksitz
übersitzen
unter
umsitzen
versessen
vorsitzen, Vorsitz, Vorsitz(end)er
wegsitzen
widersässig
zersitzen
zusitzen

Hintersasse

* immer auch möglich; nur hier bezeichnet

setzen
Satz, Setzer, Setzerei, Setzling, -sätzig, -sätzlich, setzbar

absetzen, Absatz, Absetzung
ansetzen, Ansatz, Ansetzung
aufsetzen, Aufsatz, Aufsetzer
aussetzen, Aussatz, aussätzig, Aussetzung, Aussetzer
besetzen, Besetzung, Besatz(ung)
beisetzen, Beisatz
durchsetzen, Durchsetzung, Durchsatz
einsetzen, Einsatz
entsetzen, Entsatz
ersetzen, Ersatz, ersetzlich
Gesetz, gesetzlich
entgegensetzen, Gegensatz, gegensätzlich
her(ab/aus/ein/über/unter/vor/zu)setzen
hin(ab/auf/aus/ein/über/unter/weg/zu)setzen
hochsetzen
nachsetzen, Nachsatz
zurücksetzen, Rücksetzung
übersetzen, Übersatz, Übersetzung
untersetzen, untersetzt
umsetzen, Umsatz
versetzen, Versetzung, Versatz
vorsetzen, Vorsatz, vorgesetzt, vorsätzlich
wegsetzen
widersetzen, Wiederbe/einsetzung
zersetzen
zusetzen, Zusatz, zusätzlich

Fortsatz, Fortsetzung

liegen
Liege, Liegenschaft, Lage, Lager, lagern*

abliegen, Ablage, Ablagerung
anliegen, Anliegen, Anlage
aufliegen, Auflage, Auflieger
ausliegen, Auslage
Belag
beiliegen, Beilage
durchliegen
einliegen, Einlage
entlegen
erliegen
gelegen, Gelegenheit
Gegenlager
her(um/zu)liegen
hin(zu)liegen
Hochlage, Hochliege, Hochlager
nachgelagert
zurückliegen, Rücklage
überlagern
unterliegen, Unterlage
umliegen, umliegend, umlagern
verlegen sein, Verlegenheit
vorliegen, Vorlage, vorgelagert
weg
wi(e)der
zer
Zulage

Niederlage
obliegen
Tieflage

* intransitiv
** transitiv

legen

Legung, legbar, lagern**, Lagerung, lagerbar

ablegen, Ableger, ablagern
anlegen, Angelegenheit, Anlage (Geld), Anleger
auflegen, Aufleger, (gut) aufgelegt
auslegen, Auslegung, Ausleger, auslagern, Auslagerung
belegen, Beleg(ung), belagern, Belagerung
beilegen, Beilegung
durch
einlegen, Einlage, einlagern
ent
erlegen, Erlegung
gelegen, Gelege, Gelage
gegen
her(an/aus/ein/über/unter/vor/zu)legen
hin(ab/auf/aus/ein/über/unter/zu)legen
hochlegen, hochlagern
nachlegen
zurücklegen
überlegen, Überlegung, überlagern, Überlagerung
unterlegen, Unterlegung
umlegen, Umlegung, Umlage, umlagern
verlegen, Verlegung, Verlag, Verleger, verlagern
vorlegen, Vorleger, Vorlage, Vorlegung
weglegen
widerlegen, Widerlegung, Widerlager, Wiedervorlage
zerlegen, Zerlegung
zulegen

darlegen
hinterlegen
loslegen
niederlegen
tief(er)legen

kommen
kommend, Kommender, -kunft, künftig, -kömmling

abkommen, abkömmlich, Abkunft, Abkömmling
ankommen, Ankömmling, Ankunft
aufkommen
auskommen, auskömmlich, Auskunft, auskünftig
bekommen, bekömmlich
beikommen
durchkommen
einkommen, Einkunft
entkommen
er
ge
entgegenkommen
her(an/ab/auf/aus/bei/ein/über/unter/vor/ab)kommen,
herkömmlich, Her(auf/ab)kunft
hin(ab/auf/aus/ein/über/unter/weg/zu)kommen, Hinkunft
hochkommen, Hochkömmling
nachkommen, Nachkomme, Nachkömmling, Nachkunft
zurückkommen, Rückkommen(santrag), Rückkunft
überkommen, Übereinkunft
unterkommen, Unterkunft
umkommen
verkommen, Verkommenheit, Verkommnis
vor(bei)kommen, Vorkommen, Vorkommnis
wegkommen
wiederkommen, Wiederkunft
zer
zukommen, Zukunft, zukünftig

dahinterkommen, fortkommen
niederkommen, Niederkunft

gehen
Geher, Gang, gängig, -gänglich, gehbar, (wie) geht's?

abgehen, Abgang, abgängig, Abgänger
angehen, angängig, angänglich
aufgehen, Aufgang
ausgehen, Ausgang
begehen, Begehung, Begängnis
bei
durchgehen, Durchgang, durchgängig
eingehen, Eingang, eingängig, eingänglich
entgehen
ergehen
ge
entgegengehen, gegengängig
(da)her(an/ab/auf/aus/ein/über/unter/vor)gehen, Hergang
(da)hin(an/ab/auf/aus/durch/ein/über/unter)gehen
hochgehen
nachgehen, Nachgang, nachgängig
zurückgehen, Rückgang, rückgängig
übergehen, Übergang, übergängig, übergänglich
untergehen, Untergang
umgehen, Umgang, (un)umgänglich
vergehen, Vergehen, vergänglich
vor(bei)gehen, Vorgang, vorgängig
weggehen
Wiedergänger, Wieder(auf/ein)gang
zergehen
zugehen, Zugang, zugängig, zugänglich

losgehen
hintergehen, Hintergehung
weitergehen, Weitergang
Fortgang, Heimgang
Niedergang, Tiefgang

laufen
Lauf, Läufer*, läufig, laufend, Läufte

ablaufen, Ablauf
anlaufen, Anlauf, anläufig
auflaufen, Auflauf
auslaufen, Auslauf, ausläufig
belaufen
beiläufig
durchlaufen, Durchlauf
einlaufen, Einlauf
entlaufen
erlaufen
geläufig
entgegenlaufen, gegenläufig
(da)her(an/ab/auf/aus/ein/vor)laufen
(da)hin(ab/auf/aus/durch/ein/über/unter)laufen
hochlaufen
nachlaufen
zurücklaufen, Rücklauf
überlaufen, Überlauf, Überläufer
unterlaufen
umlaufen, umlaufend, umläufig
verlaufen, Verlauf
vor(bei)laufen, Vorlauf, vorläufig, Vorderlauf
weglaufen
(zu)widerlaufen
zerlaufen
zulaufen, Zulauf

fortlaufen, fortlaufend
loslaufen
eislaufen
reislaufen

* oft auch möglich: Läuferchen, Läuferlein; nur hier bezeichnet

springen
Spring, Springer, Sprung, sprunghaft, sprengen, sprinkeln, Sprinkler, Sprenkel

abspringen, Absprung, absprengen
anspringen
aufspringen, aufsprengen
aus
bespringen, besprinkeln
beispringen
durchspringen, durchsprengen
einspringen
entspringen
erspringen
ge
entgegenspringen
her(an/ab/auf/aus/bei/ein/über/um/unter/vor/zu)springen
hin(ab/auf/aus/durch/ein/über/unter/zu)springen
hochspringen, Hochspringer, Hochsprung
nachspringen, nachsprengen, Nachsprengung
zurückspringen, Rücksprung
überspringen, Übersprung(shandlung)
unter
umspringen
verspringen
vorspringen, Vorsprung, vorsprengen, Vorsprengung
wegspringen, Wegsprung, wegsprengen
wi(e)der
zerspringen
zuspringen

Bocksprung – Springbock
Springerl: Hase
Ursprung
losspringen

fahren

Fahrt, Fahrer, Fähre, Fährte, Fährnis, Furt, fertig, fahrig, -fährig, fahrbar, Förde, Fjord

abfahren, Abfahrt
anfahren, Anfahrt
auffahren, Auffahrt
ausfahren, Ausfahrt
befahren
Beifahrer
durchfahren, Durchfahrt
einfahren, Einfahrt
entfahren
erfahren, Erfahrung, Erfurt
Gefährt, Gefahr, Gefährte, gefährlich
entgegenfahren
(da)her(an/ab/bei/über/unter)fahren, Herfahrt
(da)hin(an/ab/über/unter)fahren, Hinfahrt
hochfahren
nachfahren, Nachfahr(e)
zurückfahren, Rückfahrt
überfahren, Überfahrt
unterfahren
umfahren, Umfahrung, herumfahren
verfahren, Verfahren
vor(bei)fahren, Vorfahrt, Vorfahr(e)
wegfahren, Wegfahrt
widerfahren, Widerfahrnis
zerfahren
zufahren, Zufahrt

losfahren
weiterfahren, Weiterfahrt

fliegen
Flug, Flügel, fliegbar, flügge, Flucht, Fliege, Flieger

abfliegen, Abflug
anfliegen, Anflug
auffliegen
ausfliegen, Ausflug, Ausflügler, Ausflucht
befliegen
bei
durchfliegen, Durchflug
einfliegen, Einflug
entfliegen
erfliegen
ge
entgegenfliegen, Gegenflug
(da)her(an/ab/bei/über/unter/um)fliegen, Herflug
(da)hin(an/ab/über/unter/weg)fliegen, Hinflug
hochfliegen, Hochflug
nachfliegen
zurückfliegen, Rückflug
überfliegen, Überflug, Überflieger
unterfliegen
umfliegen
verfliegen
vor(aus/bei)fliegen, Vorbeiflug
wegfliegen, Wegflug
wi(e)der
zerfliegen
zufliegen, Zuflucht

losfliegen

wachsen
Wuchs, Wachstum, -wüchsig

Abwuchs
anwachsen, Anwuchs
aufwachsen, Aufwuchs
auswachsen, Auswuchs
bewachsen, Bewuchs
beiwachsen, Beiwuchs
durchwachsen
einwachsen, Einwuchs
entwachsen, Entwuchs
erwachsen, erwachsen (Adj.)
Gewächs
entgegenwachsen, gegenwüchsig
her(ab/an/auf/aus/ein/über/unter/vor)wachsen
hin(ab/auf/aus/durch/ein/über/unter/weg/zu)wachsen
hochwachsen, Hochwuchs, hochwüchsig
nachwachsen, Nachwuchs
zurückwachsen
überwachsen
unterwachsen
umwachsen
verwachsen, Verwuchs
vor
wegwachsen
widerwachsen, Widerwuchs
zer
zuwachsen, Zuwuchs

urwüchsig

steigen

Steig, Steiger, Steigung, Stieg, Stiege, Steg, steil, steigern, steigerbar

absteigen, Abstieg, Absteiger, Absteige
ansteigen, Anstieg
aufsteigen, Aufsteiger, Aufstieg
aussteigen, Aussteiger, Ausstieg
besteigen, Besteiger, Besteigung
bei
durchsteigen, Durchstieg
einsteigen, Einsteiger, Einstieg
entsteigen
ersteige(r)n, Ersteig(er)ung
ge
entgegensteigen
her(ab/an/auf/aus/ein/über/unter/um/vor/zu)steige(r)n
hin(ab/auf/aus/durch/ein/über/unter/weg/zu)steige(r)n
hochsteige(r)n, Hochsteg
nachsteigen, Nachsteiger
zurücksteigen, Rückstieg
übersteigen, übersteigert
unter
umsteigen, Umsteiger, Umstieg
versteige(r)n, verstiegen, Versteigerung
vorsteigen, Vorsteiger
wegsteigen
wiederab/auf/einsteigen, Wiederab/auf/einstieg
zer
zusteigen, Zustieg

fallen
Fall, Falle, falls, fällen, Fällung, fällig

abfallen, Abfall, abfällig
anfallen, Anfall, anfällig
auffallen, auffällig
ausfallen, Ausfall, Ausfällung, ausfällig
befallen, Befall
Beifall, beifällig
durchfallen, Durchfall
einfallen, Einfall
entfallen, entgegengesetztenfalls
er
gefallen, Gefallen, Gefälle, gefällig
entgegenfallen, Gegenfall
(da)her(ab/aus/über/unter)fallen
(da)hin(ab/durch/über/unter)fallen, Hinfall, hinfällig
hochfallen
nachfallen
zurückfallen, Rückfall, rückfällig
überfallen, Überfall, überfällig
Unterfall
umfallen, Unfall
verfallen, Verfall
vorfallen, Vorfall, vorfällig
wegfallen, Wegfall
Wiederbefall
zerfallen, Zerfall
zufallen, Zufall, zufällig

flachfallen
missfallen

lassen
-lass, -lassung, lass, lässig, lässlich

ablassen, Ablass(ung), unablässig
(ver)anlassen, Anlass, anlässlich
auflassen, Auflass(ung)
auslassen, Auslass(ung)
belassen, Belass(ung)
bei
durchlassen, Durchlass(ung), durchlässig
einlassen, Einlass(ung), einlässlich
entlassen, Entlassung
erlassen, Erlass(ung)
(aus)gelassen
gegen
her(ab/an/bei/ein/vor)lassen, Herablassung
hin(ab/auf/aus/ein/über/unter/zu)lassen
hochlassen
nachlassen, Nachlass(ung), vernachlässigen, nachlässig
zurücklassen, Zurücklassung
überlassen, Überlass(ung)
unterlassen, Unterlass(ung)
umlassen
ver(an)lassen, Verlass, Veranlassung, verlässlich, Verlies
vor(bei)lassen, Vorlass(ung)
weglassen
Wiederzulassung
zerlassen
zulassen, Zulassung, zulässig

loslassen
hinterlassen, Hinterlassenschaft
niederlassen, Niederlassung

warten
Wart, Warte, Wartung, Wärter

abwarten, Abwart
Anwärter, anwärtig, anwarten, Anwartschaft
aufwarten, Aufwartung
aus
be
bei
durchwarten
ein
ent
erwarten, Erwartung
gewärtigen
Gegenwart, gegenwärtig
her
hin
Hochwart
nach
rückwärtig
überwarten
unter
um
verwarten
vor
Wegwarte
widerwärtig
zerwarten
zuwarten

hangen
Hang, hangeln

abhangen, Abhang
anhangen, Anhang
auf
aushangen, Aushang
behangen, Behang
Beihang
durch
ein
ent
er
ge
Gegenhang
her(ab/unter/um)hangen
hin(ab/unter)hangen
hochhangeln
nach
rück
Überhang
unter
Umhang
verhangen
Vorhang
weg
wi(e)der
zer
zu

hängen
Hänger, Hängung, hängig, henken, Henkel

abhängen, abhängig, Abhänger, Abhängigkeit
anhängen, Anhänger, anhänglich, Anhängsel
aufhängen, Aufhänger
aushängen
behängen
beihängen
durchhängen, Durchhänger
einhängen
ent
erhängen, Erhängung
Gehänge
Gegenhang
her(ab/aus/ein/über/unter/um/vor)hängen
hin(ab/auf/aus/ein/über/unter)hängen
hochhängen
nachhängen
zurückhängen
überhängen, überhängend, Überhang
unter
umhängen
verhängen, Verhängnis
vorhängen
weghängen
wi(e)der
zer
zuhängen

heben
Hebe, Heber, Hebel, Hebung, Hub, Huber, Hefe, hebig*, hebeln

abheben, Abhebung
anheben, Anhebung
aufheben, Aufhebung, Aufhebens
ausheben, Ausheber, Aushebung, Aushub, aushebeln,
Aushebelung
beheben, Behebung, Behuf, behufs
bei
durch
einhebeln
entheben, Enthebung
erheben, Erhebung, erhoben, erhaben, erheblich
gehoben
Gegenhub
her(ab/an/aus/bei/ein/über/unter/vor)heben, Hervorhebung
hin(an/aus/durch/ein/über/unter/zu/weg)heben
hochheben, Hochhebung
nach
zurückheben, Rückhub
überheben, Überhebung, Überheblichkeit
unterheben
um
verheben, Verhebung
vor
wegheben
wi(e)der
zer
zu

Urheber

* wenn etwas hält

haben
Hab(e), habhaft, hablich, (wohl)habend, handhaben

abhaben
anhaben
aufhaben
aushaben
behäbig
dabeihaben
durchhaben
ein
ent
er
Gehabe, gehab dich wohl
dagegenhaben
(von irgendwo) herhaben
hinhaben (wollen)
hoch
nach
zurückhaben (wollen)
überhaben
(dar)unterhaben
umhaben
ver
vorhaben, Vorhaben
weghaben (wollen)
wiederhaben
zer
zuhaben

halten
Halt, Halter, Haltung, Halterung, haltbar*, haltig, -hältig

abhalten, Abhaltung, abhältig
anhalten, Anhalt, Anhalter
aufhalten
aushalten, (un)aushaltbar*
behalten, Behalt, Behälter, Behältnis
bei
durchhalten
einhalten, Einhalt(ung), (un)einhaltbar*
sich enthalten, Enthaltung, Aufenthalt, enthaltsam
erhalten, Erhalter, Erhalt(ung), erhältlich
Gehalt, gehalten
entgegenhalten, Gegenhaltung
her(ab/auf/aus/ein/über/unter)halten
hin(ab/auf/aus/durch/ein/über/unter/zu)halten
hochhalten, Hochhaltung
nachhalten, Nachhalt, nachhaltig
zurückhalten, Rückhalt, Zurückhaltung
überhalten, Überhalt**
unterhalten, Unterhalt(ung)
um
sich verhalten, verhalten, (Miss-)Verhältnis
vorhalten, Vorhalt, Vorbehalt, Vorhaltung, vorhältig
weghalten
Widerhalt
zer
zuhalten, Zuhälter

Hinterhalt, hinterhältig

* -bar oft auch bei Unterformen; nur hier bezeichnet
bei -bar kann vorher immer auch un- stehen; nur hier bezeichnet

** Überhalt: Bäume als Vorrat stehen lassen

tragen

Trage, (un)tragbar, Träger, träg(e), träglich, Tracht, trächtig

abtragen, Abtrag, abträglich
(be)antragen, Antrag
(be)auftragen, Auftrag
austragen, Austragung
betragen, Betrag, betrachten, Betracht(ung), beträchtlich
beitragen, Beitrag
durchtragen
eintragen, Eintrag, einträglich, Eintracht, einträchtig
ent
ertragen, Ertrag, erträglich
getragen
entgegentragen
her(an/ab/auf/aus/bei/über/unter/um)tragen
hin(ab/auf/aus/durch/ein/über/unter/weg)tragen
hochtragen
nachtragen, Nachtrag, nachträglich, nachtragend
zurücktragen
übertragen, Übertrag(ung), überträchtig
unter
um
vertragen, Vertrag, vertraglich, verträglich
vor(bei)tragen, Vortrag
wegtragen
wiederaustragen, Wiederaustragung
zer
zutragen, Zuträger, zuträglich

Niedertracht, niederträchtig

laden

Lade, Laden, Lader, Ladung, Last, lasten, Laster, lästerlich, lasterhaft

abladen
anlasten
aufladen, Aufladung, Auflader, auflasten
ausladen, Auslad(ung), Auslader, Auslastung
beladen, Beladung, Belader, Belastung, belästigen, Belästigung
bei
durchladen
einladen, Einladung
entladen, Entlad(ung), Entlasten, Entlastung
er
geladen
Gegen(ein)ladung, Gegenlast
her(über/unter)laden
hin(ab/auf/aus/ein/über/unter/zu)laden
hochladen, Hochlad(ung), Hochlast
nachladen, Nachladung
zurückladen, Rücklader, zurückbelasten, Zurückbelastung
überladen, Überladung, Überlast
Unterlast
umladen, Umlad(ung)
verladen, Verlad
vorladen, Vorladung
wegladen
Wieder(be/ent)ladung, wiederaufladbar
zer
zuladen, Zuladung, Zulast

Vorderlader
Hinterlader
Tieflader

werfen
Werfer, Werft, werfbar, Wurf, Würfel, würfig

abwerfen, Abwurf
anwerfen, Anwurf
aufwerfen, Aufwurf
auswerfen, Auswurf
bewerfen, Bewerfung, Bewurf
bei
durchwerfen
einwerfen, Einwurf
entwerfen, Entwerfer, Entwurf
erwerfen
geworfen, Geworfenheit
entgegenwerfen, Gegen(ent)wurf
her(an/ab/auf/aus/ein/über/unter/vor/zu)werfen
hin(ab/auf/aus/durch/ein/über/unter/zu)werfen
hochwerfen, Hochwurf
nachwerfen
zurückwerfen, Rückwurf
(sich) überwerfen, Überwerfung, Überwurf
unterwerfen, Unterwerfung, unterwürfig
umwerfen, umwerfend
verwerfen, Verwerfung
vor(bei)werfen, Vorwurf
wegwerfen, Wegwurf
Widerwurf
zerwerfen, Zerwürfnis
zuwerfen, Zuwurf

fortwerfen

fangen
Fang, Fänge, Fänger, fangbar

abfangen, Abfang, Abfänger
anfangen, Anfang, Anfänger, anfänglich
auffangen, Auffänger
aus
befangen, Befangenheit
Beifang
durchfangen
einfangen
empfangen, Empfang, Empfängnis, Empfänger, empfänglich
er
gefangen, Gefängnis
Gegenfang
her
hin
hoch
nach
Rückfang, Rückfänger
überfangen, Überfang
unterfangen, Unterfangen
umfangen, Umfang, umfänglich
verfangen, verfänglich
Vorfänger
weg
wieder(ein)fangen
zer
Zufang

greifen
Greif, Greifer, Greifung, greifbar, Griff, griffig, Griffel, Grip, Grips

abgreifen
angreifen, Angreifer, Angriff, angriffig
aufgreifen, Aufgreifung, Aufgriff
ausgreifen, Ausgreifer
begreifen, begreiflich, (In-)Begriff, begrifflich
bei
durchgreifen, Durchgriff
eingreifen, Eingriff
ent
ergreifen, ergreifend, ergriffen, Ergreifung
ge
Gegen(an)griff
her(ab/auf/aus/ein/über/unter/vor)greifen
hin(ab/auf/aus/durch/ein/über/unter/weg)greifen
hochgreifen, Hochgriff
nachgreifen
(zu)rückgreifen, Rückgriff
übergreifen, Übergriff, übergriffig
untergreifen, Untergriff
umgreifen, Umgreifer, Umgreifung, Umgriff
vergreifen, vergriffen
vorgreifen, Vorgriff, Vorgreifer
weg
Wiederangriff
zer
zugreifen, Zugriff

Missgriff

fassen
Fass, Fassung, (un)fassbar, fasslich

abfassen, Abfassung
anfassen
auffassen, Auffassung
ausfassen
befassen, Befass(ung)
beifassen
durchfassen
einfassen, Einfassung
ent
erfassen, Erfassung
Gefäß, gefasst
gegenfassen, Gegen(auf)fassung
her(ab/auf/aus/ein/über/unter/vor)fassen
hin(ab/auf/aus/durch/ein/über/unter/weg/zu)fassen
hochfassen
nachfassen, Nachfassung
(zu)rückfassen
überfassen
unterfassen
umfassen, Umfassung
verfassen, Verfasser, Verfassung
vorfassen, Vorfassung
weg
wieder(ein)fassen
zer
zufassen

Urfassung

stoßen
Stoß, Stößer, stößig, Stößel

abstoßen, Abstoß(ung), abstoßend
anstoßen, Anstoß, anstößig
aufstoßen, Aufstoß
ausstoßen, Ausstoß(ung)
bestoßen
bei
durchstoßen, Durchstoß(ung)
einstoßen
ent
er
Gestöß
entgegenstoßen, Gegenstoß
(da)her(an/ab/auf/aus/bei/über/unter/um/vor)stoßen
(da)hin(an/ab/auf/aus/durch/über/unter/weg/zu)stoßen
hochstoßen
nachstoßen, Nachstoß
zurückstoßen, Rückstoß
über
unter
umstoßen, (un)umstößlich
verstoßen, Verstoß(ung)
vor(bei/über)stoßen, Vorstoß
wegstoßen
Widerstoß, Wiederab/anstoß
zerstoßen
zustoßen

Stoßtrupp

ziehen

Ziehung, Zug, zugig, zügig, Zügel, Zaum, zügeln, Zucht, züchtig, Züchtung, züchten, züchtigen, Züchtigung

abziehen, Abzieher, Abzug, abzüglich
anziehen, Anzug, anziehend, anzüglich, anzüchten, Anzucht
aufziehen, Aufzug, Aufzucht
ausziehen, Auszug
beziehen, Bezug, Beziehung, bezüglich
beiziehen, Beizug
durchziehen, Durchzug
einziehen, Ein(be)zug, Einbeziehung
entziehen, Entziehung, Entzug
erziehen, Erziehung
(un)gezogen, Gezücht
entgegenziehen, Gegenzug
(da)her(an/ab/auf/aus/bei/über/unter/um/vor)ziehen, Heranzucht
(da)hin(an/ab/auf/aus/durch/über/unter/weg/zu)ziehen
hochziehen, Hochzug, Hochzucht
nachziehen, Nachzügler, Nachzucht
zurückziehen, Rückzieher Rückzug
überziehen, Überzieher, Überzug, überzogen, überzüchten
unterziehen, Unterzug, Unterzieher
umziehen, Umzug
verziehen, Verziehung, Verzug, unverzüglich
vor(an/be/bei)ziehen, Vor(bei)zug, vorzüglich
wegziehen, Wegzug, wegzüchten
wiederziehen, Wiederaus/einzug
zer
zuziehen, Zuzug, zuzüglich

hinterziehen, Hinterziehung, Hinterzug
tiefziehen

rücken
Rücken, Rückung, Ruck, ruck(el)ig, rücklings

abrücken
anrücken
aufrücken
ausrücken, Ausrückung
berücken, Berückung
bei
durchrücken
einrücken, Einrückung
entrücken, entrückt
er
ge
(da)gegenrücken
(da)her(an/aus/bei/ein/über/unter/vor/zu)rücken
(da)hin(ab/auf/aus/ein/über/unter/zu)rücken
hochrücken
nachrücken
zurückrücken, Rückrückung
über
unter
umrücken
verrücken, verrückt, Verrücktheit
vorrücken
wegrücken
Wiedereinrückung
zer
zurücken, zurück

hinterrücks

stürzen
Sturz, sturz-, Storz

abstürzen, Absturz
anstürzen, Ansturz
auf
aus
bestürzen, bestürzt, Bestürzung
bei
durchstürzen, Durchsturz
einstürzen, Einsturz
ent
er
ge
entgegenstürzen
(da)her(ab/auf/aus/bei/ein/über/unter/vor/zu)stürzen
(da)hin(ab/auf/aus/durch/ein/über/unter/weg/zu)stürzen
hochstürzen
nachstürzen
zurückstürzen
überstürzen
unter
umstürzen, Umsturz
ver
vor(an/bei)stürzen
wegstürzen
wi(e)der
zer
zustürzen

drehen
Dreh, Dreher, Drehung, drehbar, Draht

abdrehen
andrehen
aufdrehen
ausdrehen, Ausdrehung
be
beidrehen
durchdrehen
eindrehen, Eindrehung
ent
er
ge
entgegendrehen, Gegendrehung
her(ab/an/auf/aus/bei/ein/über/unter/um/vor)drehen
hin(ab/auf/aus/durch/ein/über/unter/weg)drehen
hochdrehen
nachdrehen, Nachdreh
zurückdrehen, Rückdrehung
überdrehen, überdreht
unter
umdrehen, Umdrehung
verdrehen, Verdreher, Verdrehung
vordrehen
wegdrehen, Wegdrehung
wi(e)der
zerdrehen
zudrehen

mitdrehen

wenden
Wende, Wender, Wendung, Wendel, wendig, Wandel, Wandler, Wandlung, Windung, winden, Winde, -wärts

abwenden, (un)abwendbar, Abwandlung, abwärts
anwenden, Anwender, Anwendung, Anwandlung, anwinden
aufwenden, Aufwand, aufwändig/aufwendig, aufwärts, Aufwärtswandler
auswendig
bewenden, Bewandtnis
bei
einwenden, Einwand, inwendig, einwärts
entwenden, Entwendung, entwinden, Entwindung
er
Gewinde, gewunden
(ent)gegenwenden, Gegenwende, Gegen(an)wendung
her(ab/auf/aus/bei/ein/über/unter)wenden, -winden
hin(ab/auf/aus/ein/durch/über/unter)wenden, -winden
hochwenden, Hochwender, hochwärts
nach
zurückwenden, Rückwende, Rückwendung, Rückwandler, rückwärts
überwinden, Überwindung
unter
umwenden, Umwendung, Umwandler, Umwandlung
verwenden, Verwender, verwandt, verwandeln, Verwandlung
Vorwand, Vorwandler, vorwärts
wegwenden
wiederverwenden, Wiederverwendung
zer
zuwenden, Zuwendung

Wendehals

führen
Fuhr(e), Furt, Furche, Führer

abführen, Abfuhr
anführen, Anführer
aufführen, Aufführung
ausführen, Ausfuhr, Ausführung, ausführlich
be
bei
durchführen, Durchführung
einführen, Einfuhr
entführen, Entführung, Entführer
er
ge
entgegenführen, Gegenführer
her(an/ab/bei/über/unter)führen
hin(an/ab/über/unter/weg)führen
hochführen
nachführen
zurückführen, Rückführung
überführen, Überführung
unterführen, Unterführung
um
verführen, Verführung, verführerisch
vor(bei)führen, Vorführung
wegführen
Wiederein/zufuhr, Wiederaufführung
zer
zuführen, Zufuhr

fortführen
Engführung

folgen
Folge, folglich, infolge, folgsam, folgern, Folgerung

abfolgen, Abfolge
an
auf
aus
befolgen, Befolgung
beifolgen, Beifolge
durch
ein
ent
erfolgen, (Miss-)Erfolg
Gefolge, Gefolgschaft
gegen
her(ab/auf/ein/über/unter/vor)folgen
hin(ab/auf/aus/durch/ein/über/unter)folgen
hoch
nachfolgen, Nachfolge
zurückfolge(r)n, Rückfolgerung
überfolgsam
unter
um
verfolgen, Ver(ab)folgung
vor
weg
wi(e)der
zer
zufolge

Schlussfolgerung

treiben
Trieb, Treiber, Trift, triftig

abtreiben, Abtrieb, Abtreibung
antreiben, Antreiber, Antrieb
auftreiben, Auftrieb
austreiben, Austrieb, Austreibung
betreiben, Betrieb, Betreibung
bei
durchtreiben, durchtrieben
eintreiben, Eintreiber, Eintrieb, Eintreibung
enttreiben
er
Getriebe
entgegentreiben, Gegen(be)trieb
(da)her(an/ab/auf/aus/bei/über/unter/um/vor/zu)treiben
(da)hin(ab/auf/aus/durch/über/unter/zu)treiben
hochtreiben, Hochbetrieb
nachtreiben
zurücktreiben, Rücktrieb
übertreiben, Übertreibung
untertreiben, Untertreibung
umtreiben, Umtrieb, umtriebig
vertreiben, Vertreibung, Vertrieb
vor(bei)treiben, Vortrieb
wegtreiben
widertreiben
zertreiben
zutreiben, Zutreibung, Zutrieb

hintertreiben, Hintertreibung
Treibjagd – Jagdtrieb
Nachtbetrieb

kriegen
Krieg, Kriegs-, Krieger, kriegerisch

abkriegen
ankriegen
aufkriegen
auskriegen
bekriegen
bei
durchkriegen
einkriegen
ent
erkriegen
ge
Gegenkrieg
her(ab/auf/aus/bei/ein/über/um/unter/vor)kriegen
hin(ab/auf/aus/bei/durch/ein/über/unter/vor/zu)kriegen
hochkriegen
Nachkrieg
zurückkriegen
über
unterkriegen
umkriegen
ver
vorkriegen, Vorkrieg
wegkriegen
wiederkriegen
(sich) zerkriegen
(da)zukriegen

mitkriegen
vollkriegen
über kriegen

hauen
Hau, Hauer

abhauen
anhauen, Anhau
aufhauen
aushauen, Aushau
behauen, Behau
bei
durchhauen, Durchhau
einhauen
ent
er
ge
Gegenhau
heraushauen
hin(aus/ein/unter)hauen
hoch
nachhauen
zurückhauen
überhauen
unter
umhauen
verhauen, Verhau
Vorhau
weghauen, Weghau
wi(e)der
zerhauen
zuhauen

treten
Tritt, Treter

abtreten, Abtretung, (Fuß-)Abtreter, Abtritt
antreten, Antritt
auftreten, Auftritt
austreten, Austritt
betreten, betreten (Adj.)
beitreten, Beitritt
durchtreten
eintreten, Eintritt
ent
er
ge
entgegentreten
her(an/ab/auf/aus/bei/über/unter/um/vor/zu)treten
hin(ab/auf/aus/durch/über/unter/zu)treten
hochtreten
nachtreten, Nachtreter, Nachtritt
zurücktreten, Rücktritt
übertreten, Übertreter, Übertretung, Übertritt
Untertritt
umtreten
vertreten, Vertreter, Vertretung
vortreten, Vortritt
wegtreten
widertreten, Wiedereintritt
zertreten
zutreten, Zutritt

lostreten
Misstritt

reißen
Riss, rissig, Reißer

abreißen, Abriss
anreißen, Anriss
aufreißen, Aufriss, aufrissig
ausreißen, Ausriss
be
bei
durchreißen, Durchriss
einreißen, Einriss
entreißen, Entreißung
er
gerissen
gegen
her(ab/aus/um/unter/über/vor)reißen
hin(ab/auf/aus/über/unter)reißen
hochreißen
nach
zurückreißen
überrissen
unter
umreißen, Umriss
verreißen, Verriss
vor
wegreißen
wi(e)der
zerreißen, Zerriss
zureißen

losreißen
reizen (an den Nerven reißen)

strecken
Strecke, Strecker, Streckung, streckbar

ab
an
aufstrecken
ausstrecken
be
bei
durchstrecken
ein
ent
erstrecken, Erstreckung
ge
Gegenstrecke
(da)her(ab/auf/aus/bei/ein/über/unter/vor)strecken
(da)hin(ab/auf/aus/durch/ein/über/unter/zu)strecken
hochstrecken
nachstrecken
zurückstrecken, Rückstrecke
überstrecken, Überstreckung
hinunterstrecken
umstrecken
verstrecken, Verstreckung
vorstrecken
wegstrecken, Wegstrecke
wi(e)der
zer
zustrecken

niederstrecken
vollstrecken, Vollstrecker

schlagen
Schlag, Schlager, Schläger, -schlägig, schlagbar, schlagartig, Schlägel, Schlegel, Schlacke, schlachten, Schlacht

abschlagen, Abschläger, Abschlag, abschlägig, abschlachten
anschlagen, Anschlag
aufschlagen, Aufschläger, Aufschlag
ausschlagen, Ausschlag(ung), ausschlachten, Ausschlachtung
beschlagen, Beschlag
bei
durchschlagen, Durchschlag
einschlagen, Einschlag, einschlägig
entschlagen
erschlagen, Erschlagung
(un)geschlacht
entgegenschlagen, Gegenschlag
(da)her(ab/auf/aus/über/unter/um/vor)schlagen
(da)hin(ab/auf/aus/durch/über/unter/zu)schlagen, hinschlachten
hochschlagen
nachschlagen, Nachschlag
zurückschlagen, Rückschlag
überschlagen, Überschlag(ung)
unterschlagen, Unterschlagung
umschlagen, Umschlag
ver(an)schlagen, Verschlag, Veranschlagung
vor(an/bei)schlagen, Vor(an)schlag
wegschlagen
wi(e)der
zerschlagen, Zerschlagung
zuschlagen, Zuschlag, zuschlägig

losschlagen
Niederschlag
Tiefschlag

stechen
Stecher, Stich, stichig, sticheln, Stachel, stachlig

abstechen, Abstecher, Abstich
anstechen, Anstich
aufstechen, aufstacheln, Aufstich
ausstechen, Ausstich
bestechen, bestechend, Bestechung, bestechlich
bei
durchstechen, Durchstich
einstechen, Einstich
ent
erstechen
gestochen
Gegenstich
her(ab/aus/über/unter/vor)stechen
hin(ab/auf/durch/ein/über/unter)stechen
hochgestochen
nachstechen, Nachstich
zurückstechen, Rückstich
überstechen, Überstich
Unterstich
umstechen, Umstecher
verstechen, Verstich
vorstechen, Vorstich
wegstechen
Widerstich
zerstechen
zustechen

wurmstichig

schießen
Schuss

abschießen, Abschuss, abschüssig
anschießen
aufschießen
ausschießen, Ausschuss
beschießen, Beschuss
bei
durchschießen, Durchschuss
einschießen, Einschuss
ent
erschießen, Erschießung
Geschoss
(ent)gegenschießen, Gegenschuss
(da)her(an/ab/bei/über/unter)schießen
(da)hin(ab/über/unter)schießen
hochschießen
nachschießen, Nachschuss
zurückschießen, Rück(en)schuss
überschießen, Überschuss
unterschießen
umschießen
verschießen
vorschießen, Vorschuss
wegschießen
wi(e)der
zerschießen
zuschießen, Zuschuss, bezuschussen

Hüftschuss
Schussel, schuss(e)lig
Bschüssig Teigwaren

fließen
Fluss, flüssig, Flut, fluten, Floß, flößen

abfließen, Abfluss
an
auf
ausfließen, Ausfluss
be
bei
durchfließen, Durchfluss, durchflößen, durchfluten
einfließen, Einfluss
entfließen, entfluten
er
ge
entgegenfließen, Gegenfluss, gegenfluten
(da)her(an/ab/bei/über/unter)fließen, -flößen, -fluten
(da)hin(an/ab/über/unter)fließen, -flößen, -fluten
Hochflut
nachfließen, nachflößen
zurückfließen, -flößen, Rückfluss, Rückflut
überfließen, Überfluss, überflüssig, überfluten, Überflutung
unterfließen, unterfluten
umfließen, umfluten
verfließen
vor(bei)fließen
wegfließen, wegflößen
wi(e)der
zerfließen
zufließen, Zufluss, Zuflut

machen
Macht, mächtig, Mache, Macher, Macker

abmachen, Abmachung
anmachen, Anmache
aufmachen, Aufmachung, Aufmacher, draufmachen
ausmachen
bemächtigen
bei
durchmachen
einmachen, Eingemachtes
entmachten, Entmachtung
ermächtigen, Ermächtigung
Gemächt
Gegenmacht
her(ab/an/aus/um/unter)machen
hin(unter)machen
hochmachen
nachmachen, Nachmacher
rück
Übermacht, übermächtig
unter
ummachen
vermachen, Vermachung, Vermächtnis
vormachen, Vormacht
wegmachen
wiedermachen
zermachen
zumachen

Allmacht
Ohnmacht

tun

Tun, Tat, Täter, tätig, tätigen, tunlich

abtun
antun
auftun
austun
betulich, betätigen, Betätigung
beitun
durchtun
eintun
ent
er
Getue
gegen
her(ab/über/unter)tun
hin(ab/über/unter/zu)tun
hochtun
nachtun
zurücktun
übertun
untertan, Untertan
umtun
vertun
vortun
wegtun
wiedertun
zertun
zutun, Zutun, Zutat

Missetat
Untat

schaffen
Schaffe, Schaff(n)er, Schaffung

abschaffen, Abschaffung
anschaffen, Anschaffe, Anschaffung
aufschaffen
ausschaffen, Ausschaffung
beschaffen, Beschaffer, Beschaffung, beschäftigen, Beschäftigung
bei
durchschaffen
einschaffen
ent
erschaffen, Erschaffer, Erschaffung
geschafft, Geschäft, geschäften
Gegengeschäft
her(ab/an/auf/aus/bei/ein/über/unter/vor)schaffen
hin(ab/auf/aus/ein/über/unter/zu)schaffen
hochschaffen
nachschaffen, Nachschaffung
(zu)rückschaffen, Rückschaffung
über
unter
umschaffen
verschaffen, Verschaffung
vor(bei)schaffen
wegschaffen, Wegschaffung
wieder(be/er)schaffen, Wieder(aus/be/er)schaffung
zer
zuschaffen

fortschaffen

handeln

Hand, Handlung, Handel, Händel, Händler, handlich, händig, händisch, handelbar

abhandeln, Abhandlung, abhanden
anhand
auf
aushandeln, aushändigen
behandeln, Behandlung, behändigen
bei
durch
einhandeln, Einhandlung
ent
er
ge
Gegenhandel
herunterhandeln
hinunterhandeln
hoch
nach(ver)handeln, Nachhandel, Nach(ver)handlung
Rückhand
überhand
unterhandeln, Unterhändler
um
verhandeln, Verhandler, Verhandlung
Vorhand, vor(ver)handeln, Vorhandel, Vor(ver)handlung
Weghändler
(zu)widerhandeln, (Zu-)Widerhandlung, Wiederbehandlung
zer
zuhanden

Hinterhand
Oberhand
misshandeln, Misshandlung
Nebenhandlung
Ablasshandel

bauen
Bau, Baute, Bauer, bauern, baulich, baubar

abbauen, Abbau
anbauen, Anbau(te)
aufbauen, Aufbauer, Aufbau(te)
ausbauen, Ausbau(te)
bebauen, Bebauer, Bebauung
Beibau(te)
durchbauen
einbauen, Einbau(te)
ent
erbauen, Erbauung
Gebäude
entgegenbauen, Gegenbau(te)
her(um/vor)bauen
hin(auf/aus/durch/ein)bauen
Hochbau(te)
nachbauen, Nachbau
rückbauen, Rückbau
überbauen, Überbau(ung)
unterbauen, Unterbau
umbauen, Umbau(te)
verbauen, Verbau(ung)
vorbauen, Vorbau(te)
weg
wiederaufbauen, Wiederaufbau
zerbauen
zubauen, Zubau(te)

graben
Grab, Graben, Graber, Grabung, Grube

abgraben
angraben
aufgraben
ausgraben, Ausgrabung
begraben, Begräbnis
bei
durchgraben
eingraben
ent
ergraben
ge
entgegengraben
her(auf/aus/ein/über/unter/vor)graben
hin(ab/auf/durch/ein/über/unter)graben
Hochgrab
nachgraben, Nachgrabung
zurückgraben
über
untergraben, Untergrabung
umgraben
vergraben
vorgraben, Vorgrabung
weg
wi(e)der
zergraben
zugraben

schneiden
Schneid, Schneide, schneidig, Schnitt, Schnitte, Schnitter, schnittig, schneidbar, schneidern, Schneider, Schnitz

abschneiden, Abschnitt
anschneiden, Anschnitt, anschneidern
aufschneiden, Aufschnitt, Aufschneider
ausschneiden, Ausschnitt
beschneiden, Beschneidung, Beschnitt
bei
durchschneiden, Durchschnitt, durchschnittlich
einschneiden, Einschnitt, einschneidend
ent
er
ge
gegenschneiden, Gegenschnitt
her(ab/aus/unter)schneiden
hin(ab/durch/ein/unter)schneiden
hochschneiden, Hochschnitt
nachschneiden, Nachschnitt, nachschneidern
zurückschneiden, Rückschnitt
überschneiden, Überschneidung
unterschneiden
umschneide(r)n, Umschneid(er)ung
verschneiden, Verschneider, Verschnitt
vor(bei)schneiden, Vorschnitt, vorschneidern
wegschneiden, Wegschnitt
wi(e)der
zerschneiden
zuschneiden, Zuschnitt, zuschneidern

mitschneiden
Längsschnitt, Querschnitt

scheiden
Scheide, Scheidung, Scheit, Scheitel, scheite(r)n

abscheiden, Abschied, Abscheider, Abscheidung
an
auf
ausscheiden, Ausscheidung
bescheiden, Bescheidung
bei
durch
ein
entscheiden, Entscheid(ung), entschieden
er
geschieden, gescheit, gescheitert
gegen
her
hinscheiden, Hinschied
her
nach
rück
über
unterscheiden, Unterscheidung, Unterschied
um
verscheiden, verschieden, Verschied
vor
wegscheiden, Scheideweg
wi(e)der
zerscheiden, zerscheiten
zu

Schiedsrichter

brechen
Brecher, brechbar, Bruch, brüchig, Brocken, Brache, brach

abbrechen, Abbrecher, Abbruch
anbrechen, Anbruch
aufbrechen, Aufbruch
ausbrechen, Ausbruch, Ausbrecher
be
bei
durchbrechen, Durchbrechung, Durchbruch
einbrechen, Einbruch, Einbrecher
entbrechen
erbrechen
gebrechen, Gebrechen
Gegenbruch
her(ab/aus/ein/unter/vor)brechen
hin(aus/durch/unter)brechen
hoch
nach
rück
über
unterbrechen, Unterbrechung, Unterbruch
umbrechen, Umbruch
verbrechen, Verbrecher, (un)verbrüchlich
vorbrechen, Vorbruch
wegbrechen, Wegbruch
wi(e)der
zerbrechen, zerbrechlich

wortbrüchig

binden
Binde, Binder, Binderei, Bindung, Band, Bande, (ein)bändig, Bändel, Bund, bündig, Bündner

abbinden, Abbinder
anbinden, Anbindung, Angebinde, anbändeln
aufbinden
Ausbund
be
Beiband
durch
einbinden, Einbindung, Einband
entbinden, Entbindung
er
Gebinde
Gegenbund, Gegenbande
her(ab/auf/über/unter)binden
hin(ab/auf/über/unter/zu)binden
hochbinden
nachbinden, Nachbindung
zurückbinden, Rückbindung
überbinden, Überbindung
unterbinden, Unterbindung, Unterbund
umbinden, Umbinder
verbinden, Verbindung, Verband, Verbund, verbindlich, verbandelt
vorbinden
wegbinden
Wiedereinbindung
zer
zubinden

Armbinde
losbinden

spannen
Spann, Spanne, Spanner, spannbar, Spannung

abspannen, Abspann(ung), abgespannt
anspannen, Anspannung
aufspannen, Aufspannung
ausspannen, Ausspann(ung)
bespannen, Bespannung
beispannen, Beispannung
durchspannen
einspannen, Einspannung
entspannen, Entspannung
er
Gespann
Gegenspannung
her(ab/ein/unter)spannen
hin(ab/auf/durch/ein/über/unter/zu)spannen
hochspannen, Hochspannung
nachspannen, Nachspann(ung)
zurückspannen, Rückspannung
überspannen, überspannt, Überspannung
Unterspannung
umspannen, Umspannung
verspannen, Verspannung
vorspannen, Vorspann(ung)
weg
widerspannen, Widerspann, widerspenstig
zer
zu

Niederspannung
Tiefspannung
Zeitspanne

schwingen

Schwinge, Schwinger, Schwinget, Schwingung, Schwang, Schwengel, Schwung

abschwingen, Abschwung
anschwingen, Anschwung
aufschwingen, Aufschwung
ausschwingen, Ausschwung
beschwingen
bei
durchschwingen
einschwingen
ent
erschwinglich
geschwungen (Linie)
Gegenschwung
(da)her(an/auf/ein/über/unter/um)schwingen
(da)hin(auf/aus/ein/über/unter)schwingen
hochschwingen, Hochschwung
nachschwingen, Nachschwingung, Nachschwung
zurückschwingen, Rückschwung
Überschwung, Überschwang, überschwänglich
Unterschwung
Umschwung
ver
vorschwingen, Vorschwung
wegschwingen
Widerschwung
zer
zuschwingen

Grundschwingung
Hüftschwung

streichen
Streich, Streichung, Strich, Streicher, streichbar, Stricher, Streik, streicheln, Streichler

abstreichen, Abstreichung, Abstrich
anstreichen, Anstreicher, Anstreichung, Anstrich
aufstreichen, Aufstreichung, Aufstrich
ausstreichen, Ausstreichung
bestreichen, Bestreichung
Beistrich
durchstreichen, Durchstreichung
einstreichen, Einstreichung
ent
er
ge
Gegenstreich, Gegenstrich
(da)her(aus/unter/vor)streichen
(da)hin(ab/auf/über/unter)streichen
hochstreichen, Hochstrich
nachstreichen, Nachstreichung, Nachstrich
zurückstreichen, Rückstrich
überstreichen, Überstreichung, Überstrich
unterstreichen, Unterstreichung, Unterstrich
umstreichen, Herumstreicher
verstreichen
vorstreichen, Vorstrich
wegstreichen, Wegstreichung
Wiederanstrich
zerstreichen
zustreichen

Landstreicher
Strichkampf, Lidstrich

schicken
Schick, Schickung, Schicksal, schick, schicklich

abschicken
anschicken
auf
ausschicken
beschicken, Beschickung
bei
durchschicken
einschicken, Einschickung
entschicken
er
(Miss-)Geschick, geschickt
entgegenschicken
her(ab/auf/aus/bei/ein/über/unter/um)schicken
hin(ab/auf/aus/ein/über/unter)schicken
hochschicken
nachschicken, Nachschickung
zurückschicken, Rückschickung
überschicken
unter
um
verschicken, Verschickung
vor(bei)schicken
wegschicken, Wegschickung
wi(e)der
zer
zuschicken

fortschicken
wegschicken

drücken
Drücker

abdrücken
andrücken
aufdrücken
ausdrücken, Ausdruck*, ausdrücklich
bedrücken, Bedrückung
bei
durchdrücken
Eindruck**, eindrücklich
ent
erdrücken
ge
(da/ent)gegendrücken
her(an/ab/auf/aus/über/unter/um/vor)drücken
hin(ab/auf/aus/durch/über/unter/zu)drücken
hochdrücken
nachdrücken, nachdrücklich
zurückdrücken
über
unterdrücken, Unterdrückung
umdrücken
verdrücken
vor(bei)drücken
wegdrücken
widerdrücken
zerdrücken
zudrücken

* im Gesicht, Gesichtsausdruck
** ich habe den Eindruck

drucken
Druck, Drucker, Druckerei, druckbar, drucksen

abdrucken, Abdruck
andrucken, Andruck
aufdrucken, Aufdruck
ausdrucken, Ausdruck*, ausdrücklich
bedrucken, Bedruck(ung)
bei
durchdrucken
(be)eindrucken, Eindruck**, eindrücklich
ent
er
ge
Gegendruck
herumdrucksen
hin(ein/zu)drucken
Hochdruck
nachdrucken, Nachdruck, nachdrücklich
rück
überdrucken, Überdruck
Unterdruck
umdrucken, Umdruck
verdrucken
vordrucken, Vordruck
weg
Widerdruck, Wiederabdruck
zerdrucken
zudrucken

Fehldruck
Tiefdruck

* aus dem Drucker
** in Papier oder Holz, Stempel

stecken
Stecker, Steckling, Stecken, steckbar, Stock

abstecken
anstecken, Anstecker, Ansteckung
aufstecken, Aufstecker
ausstecken, Aussteckung
bestecken, Besteck(ung)
bei
durchstecken
einstecken
ent
er
ge
Gegenstecker
her
hin(ein/durch)stecken
hochstecken
nachstecken
zurückstecken
über
unter
umstecken
verstecken, Versteck
vor
wegstecken
wi(e)der
zer
zustecken

dahinterstecken

bieten
Biet, Bote, Botschaft

ab
anbieten, Angebot
aufbieten, Aufgebot
ausbieten, Ausbietung
be
bei
durch
ein
entbieten
(an)erbieten
gebieten, Gebiet, Gebot
Gegengebot
her
hin
hochbieten, Höchstgebot
nachbieten
rück
überbieten, Überangebot
unterbieten
um
verbieten, Verbot
vor
weg
wi(e)der
zer
zu

Biete: die, Heiratsantrag
Bietz: der, Busen, B(r)üste
darbieten

zeichnen
Zeichen, Zeichnung, zeichenbar

abzeichnen, Abzeichen, Abzeichnung
anzeichnen, Anzeichen, Anzeichnung
aufzeichnen, Aufzeichnung
auszeichnen, Auszeichnung, Auszeichen
bezeichnen, Bezeichnung
bei
durchzeichnen, Durchzeichnung
einzeichnen, Einzeichnung
ent
er
gezeichnet
gegenzeichnen, Gegenzeichen, Gegenzeichnung
herauszeichnen
hin(ein)zeichnen
hochzeichnen
nachzeichnen, Nachzeichnung
rück
überzeichnen, Überzeichnung
unterzeichnen, Unterzeichnung
umzeichnen
verzeichnen, Verzeichnis, Verzeichnung
vorzeichnen, Vorzeichen, Vorzeichnung
Wegzeichen
Widerzeichen
zer
zu

bilden
Bild, Bild(n)er, Bildung, Bildnis, bildhaft, bildlich

abbilden, Abbild(ung)
an
auf
ausbilden, Ausbildung, Ausbild(n)er
bebildern, Bebilderung
bei
durchbilden, Durchbildung
einbilden, Einbildung
ent
er
gebildet, Gebilde
Gegenbild
her(an/aus/bei/vor)bilden
hin
hochbilden
nachbilden, Nachbild
(zu)rückbilden, Rückbildung
überbilden, Überbildung
unter
umbilden, Umbildung
verbilden, Verbildung
vorbilden, Vorbild(ung), vorbildlich
weg
wi(e)der
zer
zu

Fortbildung
Missbildung
Weiterbildung

lesen
Lese, Leser, Lesung, lesbar, leserlich

ablesen
anlesen
auflesen
auslesen, Auslese
belesen
bei
durchlesen
einlesen
ent
(aus)erlesen
ge
gegenlesen
her(aus/unter)lesen
hin(aus/unter)lesen
hoch
nachlesen, Nachlese
(zu)rücklesen
überlesen, Überleser
unter
um
verlesen
vorlesen, Vorleser
weg
wiederlesen
zerlesen
zu

schreiben
Schrieb, Schreibe, Schreiber, Schrift, schriftlich

abschreiben, Abschrift, Abschreiber
anschreiben, Anschrift
aufschreiben, Aufschrift
ausschreiben, Ausschreibung
beschreiben, Beschreibung, Beschrieb, (un)beschreiblich
bei
durchschreiben, Durchschrift
einschreiben
ent
erschreiben
Geschreibsel
Gegenschrift
(da)her(bei/unter)schreiben
(da)hin(unter/zu/weg)schreiben
hochschreiben
nachschreiben, Nachschrift
zurückschreiben
überschreiben, Überschreibung, Überschrift
unterschreiben, Unterschrift
umschreiben, Umschreibung
verschreiben, Verschreiber, Verschreibung, verschriftlichen
vor(bei)schreiben, Vorschrift
weg
Widerschrift
zer
zu(rück)schreiben, Zuschreibung, Zuschrift

mitschreiben, Mitschrift
niederschreiben, Niederschrift

sagen
Sage, (un)sagbar, (un)säglich

absagen, Absage
ansagen, Ansage, Ansager
aufsagen
aussagen, Aussage
besagen, besagte
bei
durchsagen, Durchsage
einsagen
entsagen, Entsagung
er
ge
gegen
(da)her(ein/aus/über/unter/um)sagen
(da)hin(ein/aus/auf/unter/über)sagen
hoch
nachsagen
rück
über
untersagen
um
versagen, Versagen, Versagung
vor(her)sagen, Vorhersagung
weg
wi(e)der
zer
zu(rück)sagen, Zusage

sich lossagen

rufen
Ruf, Rufer, Rufung, Ruch

abrufen, Abruf
anrufen, Anrufer, Anruf(ung), anrüchig
aufrufen, Aufruf
ausrufen, Ausrufer, Ausruf(ung)
(ab)berufen, Beruf, (Ab/Ein-)Berufung, berüchtigt
bei
durchrufen, Durchruf
einrufen, Einruf
ent
er
Geruch, Gerücht
entgegenrufen, Gegenruf
(da)her(ab/auf/aus/bei/ein/über/unter/um/vor)rufen
(da)hin(ab/auf/aus/durch/ein/über/unter/zu)rufen
hochrufen
nachrufen, Nachruf
zurückrufen, Rückruf
über
unter
um
verrufen, Verruf
vor
wegrufen
widerrufen, Widerruf(ung), (un)widerruflich, (Un-)Widerruflichkeit
zer
zurufen, Zuruf

reden
Rede, Reden, Redner, redlich, redsam

Abrede
anreden, Anrede
aufreden
ausreden, Ausrede
bereden, beredt, beredsam
Beirede
durchreden
einreden, Einrede
ent
erreden
ge
Gegenrede, Gegenredner
(da)her(ab/auf/aus/bei/ein/über/unter/um/vor)reden
(da)hin(ab/auf/aus/ein/über/unter)reden
hochreden
nachreden, Nachrede
zurückreden
überreden, Überredung
unterreden, Unterredung
umreden
verabreden, Verabredung
vor(bei)reden, Vorrede, Vorredner
wegreden
widerreden, Widerrede
zerreden
zureden

mitreden
redselig

sprechen
Sprache, Spruch, sprachlich, sprechbar

absprechen, Absprache, absprechend
ansprechen, Ansprache, Anspruch, ansprechend
aufsprechen
aussprechen, Aussprache, Ausspruch
besprechen, Besprechung
bei
durchsprechen
einsprechen, Einsprache, Einspruch
entsprechen, Entsprechung, entsprechend
er
Gespräch, gesprächig
Gegensprechanlage
(da)her(ab/auf/aus/ein/über/unter/vor)sprechen
(da)hin(ab/auf/aus/durch/ein/über/unter)sprechen
Hochsprache
nachsprechen
Rücksprache
übersprechen
unter
um
versprechen, Versprecher
vor(bei)sprechen, vorsprachlich
wegsprechen
widersprechen, Widerspruch, widersprüchlich, Widersprüchlichkeit
zer
zu(rück)sprechen, Zuspruch

Mitsprache
Fürsprech
Sprichwort

zahlen
Zahl, Zahler, Zahlung, zahlbar, zahllos*

abzahlen, Abzahlung
anzahlen, Anzahl(ung)
(dr)aufzahlen, Aufzahlung
auszahlen, Auszahlung
bezahlen, Bezahler, Bezahlung
bei
durch
einzahlen, Einzahl(ung)
ent
er
ge
gegenzahlen, Gegenzahl(ung)
her
hinzuzahlen
Hochzahl
nachzahlen, Nachzahlung
zurückzahlen, Rückzahlung
überzahlen, Überzahl
Unterzahl
um
ver
vorauszahlen, Vorauszahlung
weg
wiederein/auszahlen, Wiederein/auszahlung
zer
zuzahlen, Zuzahlung

Mehrzahl
Primzahl
heimzahlen

* nur hier bezeichnet (haltlos, hilflos, gesetzlos)

zählen
Zähler, Zählung, zählbar, (un)zählig

abzählen, Abzählung
anzählen
aufzählen, Aufzählung
auszählen, Auszählung
be
bei
durch(er)zählen
einzählen
ent
erzählen, Erzähler, Erzählung
ge
gegenzählen, Gegen(er)zählung
her(unter/um(er))zählen
hin(auf/unter(er))zählen
hochzählen
nach(er)zählen, Nach(er)zähler, Nach(er)zählung
zurückzählen
überzählig
unter
umerzählen
verzählen
vorzählen
weg
Wiedererzählung
zer
zuzählen

sehen

Seher/in*, Sehung, Sichtung, Sicht, sichtig, sichtbar, sichtlich

absehen, Absicht, absichtlich
ansehen, Ansicht, ansichtig, ansehnlich
aufsehen, Aufseher, Aufsicht
aussehen, Aussicht
besehen, Besichtigung, be(auf/ab)sichtigen, Be(auf/ab)sichtigung
bei
durchsehen, Durchsicht, durchsichtig
einsehen, Einsicht, einsichtig
ent
ersehen, ersichtlich
Gesicht
entgegensehen, Gegensicht
her(ab/auf/aus/ein/über/unter/um/vor)sehen
hin(ab/auf/aus/durch/ein/über/unter/weg)sehen, Hinsicht, hinsichtlich
hochsehen, Hochsicht
nachsehen, Nachsicht(ung), nachsichtig
zurücksehen, Rücksicht
übersehen, Übersicht, übersichtlich, übersichtig, Übersichtigkeit, Übersichtlichkeit
Untersicht
umsehen, Umsicht, umsichtig
versehen, Verseher, versehentlich
vor(bei/her)sehen, Vor(her)sehung, Vorsicht, vorsichtig
wegsehen
wiedersehen, auf Wiedersehen, Wieder(be)sicht(ig)ung
zer
zusehen, Zuseher, Zuversicht, zuversichtlich

* immer auch weibliche Form möglich; nur hier bezeichnet

schauen
Schau, Schauung, schaubar

abschauen, Abschauer
anschauen, Anschauung, anschaulich
aufschauen
ausschauen, Ausschau
beschauen, Beschauer, Beschau(ung), beschaulich
bei
durchschauen
einschauen, Einschau (Revision)
ent
erschauen
ge
entgegenschauen, Gegenschau
her(ab/auf/aus/ein/über/unter/um/vor)schauen
hin(ab/auf/aus/durch/ein/über/unter)schauen
hochschauen
nachschauen, Nachschau
zurückschauen, Rückschau
überschauen, überschaulich
unter
umschauen, Umschau
verschauen, veranschaulichen, Veranschaulichung
vorbeischauen, Vorschau
wegschauen
auf Wiederschauen
zer
zuschauen, Zuschauer

blicken
Blick

ab
anblicken, Anblick
aufblicken
ausblicken, Ausblick
be
bei
durchblicken, Durchblick
einblicken, Einblick
ent
erblicken
ge
entgegenblicken, Gegenblick
her(ab/auf/aus/ein/über/unter/um/vor)blicken
hin(ab/auf/aus/durch/ein/über/unter)blicken, Hinblick
hochblicken
nachblicken
zurückblicken, Rückblick
überblicken, Überblick
unter
umblicken
ver
vorbeiblicken
wegblicken
Widerblick
zer
zublicken

Tiefblick

gucken
Gucker, Gucki*

abgucken, Abgucker
angucken
aufgucken
ausgucken, Ausguck
begucken
bei
durchgucken
eingucken
ent
er
ge
entgegengucken
her(ab/auf/aus/ein/über/unter/um/vor)gucken
hin(ab/auf/aus/durch/ein/über/unter/weg)gucken, Hingucker
hochgucken
nachgucken
zurückgucken
übergucken
unter
umgucken
vergucken
vorbeigucken
weggucken
auf Wiedergucken, Wiedergüx
zer
zugucken

güggslen (CH)

* Diabetrachter

hören
Hörer, hörig, hörbar

abhören, Abhörung
an
aufhören, (un)aufhörlich
aushören
be
bei
durchhören
(sich) einhören
ent
erhören, Erhörung
gehören, Gehör, (un)gehörig
gegen
her(aus/ein/über/unter/um)hören
hin(ab/auf/aus/durch/ein/über/unter/weg/zu)hören
hoch
nachhören
rück
überhören
unter
(sich) umhören
verhören, Verhör
vor
weghören
auf Wiederhören
zer
zuhören, Zuhörer, (da)zu(ge)hören, Zugehörige

horchen
Horcher

abhorchen
an
aufhorchen
aushorchen
behorchen
bei
durchhorchen
ein
ent
erhorchen
gehorchen, Gehorsam
entgegenhorchen
her(ab/auf/aus/ein/über/unter)horchen
hin(ab/auf/aus/durch/ein/über/unter)horchen
hoch
nachhorchen
zurückhorchen
über
unter
(sich) umhorchen
ver
vor
weghorchen
wi(e)der
zer
zuhorchen, Zuhorcher

schließen

Schließe, Schließung, schließbar, schließlich, Schloss, Schlosser, schlossern, Schluss, Schlüssel, (un)schlüssig, schlussendlich

abschließen(d), Abschluss
anschließen(d), Anschluss, anschließlich
aufschließen, Aufschließung, Aufschluss, aufschlussreich
ausschließen, Ausschließung, Ausschluss, ausschließlich
beschließen, Beschluss
beischließen, Beischluss
durch
einschließen, Einschließung, Einschluss, einschließlich
entschließen, Entschluss
erschließen, Erschließung, erschließlich
ge
Gegenschluss
Hinterschluss, hinterschlüssig
hin(aus/ein)schließen
hoch
Nachschlüssel
zurückschließen, Rückschluss
über
unter
umschließen, Umschließung
verschließen, Verschließung, Verschluss
Vorschluss, Vor(hänge)schloss
wegschließen, Wegschluss
wi(e)der
zer
zuschließen, Zuschlüssel

Schluss damit

decken
Deck, Decke, Deckel, Decker, Deckung, deckeln

abdecken, Abdecker, Abdeckung
an
aufdecken, Aufdeckung
aus
bedecken, Bedeckung
bei
durch
eindecken, Eindeckung, eindeckeln
entdecken, Entdecker, Entdeckung
er
Gedeck
Gegendeck
her
hin
Hochdeck, Hochdecker
nachdecken, Nachdeckung
zurückdecken, Rück(en)deckung
überdecken, Überdecke, Überdeckung, Überdeckelung
Unterdeck(ung)
umdecken
verdecken, Verdeck(ung)
Vor(der)deck
wegdecken
wiederbe/entdecken, Wiederbe/entdeckung
zer
zudecken

Hinterdeck

geben
Geber, Gabe, Gabung, gebig

abgeben, Abgabe
angeben, Angabe, Angeber, angeblich
aufgeben, Aufgabe
ausgeben, Ausgabe, ausgiebig
begeben, Begebnis, Begabung
beigeben, Beigabe
durchgeben, Durchgabe
eingeben, Eingeber, Eingebung, Eingabe
ent
ergeben, Ergebnis, ergiebig, Ergebenheit
Gegebenheit
Gegengabe
her(ab/auf/aus/ein/über/unter/um/vor/zu)geben,
Her(ein/aus)ausgabe
hin(ab/auf/aus/durch/ein/über/unter/zu)geben, Hingabe,
Hingebung
hochgeben, hochbegabt, Hochbegabung
nachgeben, nachgiebig
zurückgeben, Rückgabe
(sich) übergeben, Übergabe
untergeben, Untergebene
umgeben, Umgebung
vergeben, Vergabe, vergebens, vergeblich, verausgaben,
Ver(aus)gabung
vorgeben, Vorgabe, vorgeblich
weggeben
wieder(heraus)geben, Wieder(heraus)gabe
zer
zugeben, Zugabe

freig(i)ebig
maßgeblich
Mitgeben, Mitgift
Ratgeber

nehmen
Nehmer, Nahme, -nehmlich

abnehmen, Abnahme
annehmen, Annahme, annehmlich
aufnehmen, Aufnahme
ausnehmen, Ausnahme, ausgenommen, ausnehmlich
benehmen, Benimm, (un)benommen, Besitz/schlagnahme
bei
durchnehmen
einnehmen, Einnahme, einvernehmlich
entnehmen, Entnahme
er
genehm
entgegennehmen, Entgegennahme
her(ab/auf/aus/ein/über/unter/vor/zu)nehmen
hin(ab/auf/aus/ein/über/unter/zu)nehmen, Hin(zu)nahme
hochnehmen
Nachnahme
zurücknehmen, Rücknahme
übernehmen, Übernahme
unternehmen, Unternehmer, Unternehmen
um
vernehmen, (Ein-)Vernahme, Vernunft, vernehmlich
vornehmen, Vornahme, vornehm(lich)
wegnehmen, Wegnahme
wiederaufnehmen, Wiederaufnahme, Wiederinbesitznahme
zer
zunehmen, Zunahme

Maßnahme

suchen
Suche, Sucher, Sucht, süchtig

absuchen
anersuchen, Ansuchung, An(er)suchung
aufsuchen
aussuchen, Aussuche
besuchen, Besuch
bei
durchsuchen, Durchsuchung
ein
ent
ersuchen, Ersuch(ung)
Gesuch
gegen
heraus/um/vorsuchen
hin
hoch
nachsuchen
rück
über
untersuchen, Untersuchung
um
versuchen, Versucher, Versuch(ung)
vor
weg
wiederaufsuchen, Wiederaufsuchung
zer
zu

heimsuchen, Heimsuchung

finden
Fund, Finder, Findung, Findling, Findel-, findig, fündig

abfinden, Abfindung
an
auffinden, Auffindung
ausfindig
befinden, befindlich, Befund
Beifund
durch
einfinden, Einfindung
empfinden, (Miss-)Empfindung
erfinden, Erfindung, (un)erfindlich
ge
gegen
her(ab/auf/aus/ein/über/unter)finden
hin(ab/auf/aus/ein/über/unter)finden
hoch
nach
zurückfinden
über
unter
um
ver
vorfinden
weg
wiederfinden
zer
zu

heimfinden
Pfadfinder
Findelkind

raten
Rat, Rater, -rätig, ratsam, rätseln, Rätsel

abraten
anraten
auf
aus
beraten, Berater, Beratung
beiraten, Beirat
durch
ein
entraten, enträtseln
erraten
geraten
Gegenrat
herumraten, -rätseln
hin
Hoch(ver)rat
nach
rück
über
(sich) unterraten, Unterrat(ung)
um
verraten, Verrat, Verräter
Vorrat, vorrätig
weg
widerraten
zer
zuraten, Zuratung

missraten
Unrat
Volksrat

runden
Rund, Runde, Ründe, Rundung, rundlich, rundig

abrunden, Abrundung
anrunden, Anrundung
aufrunden, Aufrundung
ausrunden, Ausrundung, rundheraus
be
bei
durchrunden, Durchrundung
einrunden
entrunden
er
ge
Gegenrund(e)
her
Hinrunde
hoch
nachrunden
Rückrunde
überrunden, Überrundung
unterrunden, Unterrundung
umrunden, Umrundung, rundum
ver
Vorrunde
rundweg, Rundweg
wi(e)der
zer
zurunden

richten

Richte, Richter, Richtung, richtig, recht, rechts, Recht
rechten

abrichten, Abrichtung
anrichten, Anrichte
aufrichten, Aufrichte, aufrichtig, Aufrichtung, aufrecht
ausrichten, Ausrichter, Ausrichtung
berichten, Bericht, berichtigen, Berichtigung
Beirichter
durch
einrichten, Einrichtung
entrichten, Entrichtung
errichten, Errichtung
Gericht, gerichtlich, gerecht
(da)gegenrichten, Gegenrichtung
her(ab/an/auf/aus/ein/über/unter/vor)richten, Herrichtung
hin(ab/auf/aus/ein/über/unter)richten, Hinrichtung
hochrichten, Hochgericht
nachrichten, Nachricht, benachrichtigen, Benachrichtigung
zurückrichten
über
unterrichten, Unterricht(ung)
umrichten
verrichten, Verrichtung
vorrichten, Vorrichtung
wegrichten
wiederauf/herrichten, Wiederauf/herrichtung
zer
zurichten, Zurichtung

weisen

Weise, Weisung, Weisheit, -weis, weislich

abweisen, Abweiser, Abweisung
anweisen, Anweiser, Anweisung
aufweisen
ausweisen, Ausweis(ung)
beweisen, Beweis
bei
durchweisen
einweisen, Einweiser, Einweisung
ent
erweisen, erwiesen, Erweisung
gewiss, Gewissen
Gegenweisung
her(an/ein/über/unter/um)weisen
hin(ab/auf/aus/durch/ein/über/unter)weisen, Hinweis
hochweisen
nachweisen, Nachweis, nachweislich
zurückweisen, (Zu-)Rückweisung
überweisen, Überweisung
unterweisen, Unterweisung
um
verweisen, Verweis(ung)
vor(bei)weisen
wegweisen, Wegweiser, Wegweisung
Wiederaus/einweisung
zer
zuweisen, Zuweiser

fortweisen

ordnen
Ordner, Ordnung, Order, ordern, Orden, Ordination

abordnen, Abordnung, Abgeordneter
anordnen, Anordnung
auf
aus
beordern
beiordnen
durchordnen
einordnen, Einordnung
ent
er
ge
Gegenordnung, Gegenorder
herbeiordern
hinzuordern
hoch
nachordnen, Nachordnung, nachordern, Nachorder(ung)
zurückordern
überordnen
unterordnen, Unterordnung, Unterordner
umordnen
verordnen, Verordnung
vorordnen, Vorordnung
weg(be)ordern
wi(e)der
zer
zuordnen, Zuordnung

Stallorder

helfen
Hilfe, (Helfers-)Helfer, Hilfs-, hilfio

abhelfen, Abhilfe
anhelfen, Anhilfe
aufhelfen
aushelfen, Aushilfe, Aushilfs-
behelfen, Behelf, behelfs, (un)beholfen, behilflich
beihelfen, Beihilfe, Beihelfer
durchhelfen
ein
ent
er
Gehilfe
Gegenhilfe
her(ab/auf/aus/ein/über/unter/vor)helfen
hin(ab/auf/aus/durch/ein/über/unter)helfen
hochhelfen
nachhelfen, Nachhilfe
zurückhelfen, Rückhilfe
über
unter
um
verhelfen
vor
weghelfen
wi(e)der
zer
zuhelfen, Zuhelfer, Zuhilfe, zuhilfe

mithelfen, Mithelfer, Mithilfe, mithilfe
Selbsthilfe, Soforthilfe

räumen
Raum, Räumer, Räumung, -räumig, räumlich

abräumen, Abraum, Abräumer
Anraum
aufräumen, Aufräumer, aufgeräumt
ausräumen, Ausräumer
(an/ein)beraumen
Beiraum
durch
einräumen, Einräumer
ent
er
geräumig
Gegenraum
her(ab/auf/aus/bei/ein/über/unter/vor)räumen
hin(ab/auf/aus/ein/über/unter)räumen
hochräumen, raumhoch
nachräumen, Nachräumung
zurückräumen, Rückraum
über
unter
umräumen, Umraum, Umräumer
verräumen, Verräumung, Verräumer
Vorraum
wegräumen, -er
wi(e)der
zer
zuräumen

Nebenraum
Räumte: offene See

teilen
Teil, (Zwei-)Teiler, (un)teilbar, Teilung, (drei)teilig, (eines)teils

abteilen, Abteil(ung)
Anteil, anteilig
aufteilen, Aufteilung
austeilen, Austeiler
beteiligen, Beteiligung, Beteiligte
bei
durchteilen, Durchteilung
einteilen, Einteilung
ent
erteilen, Erteilung, Einteiler
ge
Gegenteil
her
hin
hoch
Nachteil
Rückteil
über
unterteilen, Unterteil(ung)
umteilen, Umteilung
verteilen, Verteilung, Verteiler
be/übervorteilen, Vorteil, Be/Übervorteilung
weg
Wiederein/erteilung
zerteilen, Zerteilung, Zerteiler
zuteilen, Zuteilung

Hinterteil
mitteilen, Mitteilung
urteilen, Urteil

messen
Maß, Messer, messbar, (un)mäßig

abmessen
anmessen, Anmaßung, angemessen
auf
ausmessen, Ausmaß
bemessen
beimessen
durchmessen, Durchmesser
einmessen
ent
ermessen, ermäßigt, Ermäßigung
gemessen, gemäß
gegenmessen, Gegenmaß
her
hin
hoch
nachmessen, Nachmessung
rück
übermäßig, Übermaß
unter
ummessen, Ummaß
vermessen, Vermessenheit
Vormaß
weg
Wiedervermessung
zer
zumessen, Zumaß, Zumessung

passen
Pass, Passung, Passage, Passagier, Passat, (un)pässlich, passabel, passieren

abpassen, Abpassung
anpassen, Anpassung
aufpassen, Aufpasser
auspassen
be
Beipass
durchpassen, Durchpass
einpassen, Einpassung
ent
er
ge
Gegenpass, Gegenpassage
herpassen
hin(ein/durch/über/zu)passen
Hochpass(filter)
nach
zurückpassen, Rückpass
über
unter
umpassen
verpassen
vor
weg
Wiederanpassung
zer
(da)zupassen, zupass

(un)passierbar

stimmen
Stimme, Stimmer, Stimmung, Stimm-, stimmig, stimmbar

abstimmen, Abstimmung, Abstimmer
anstimmen, Anstimmer
auf
aus
bestimmen, Bestimmer, Bestimmung
beistimmen, Beistimmung
durch
(über)einstimmen, (Über-)Einstimmung, einstimmig
ent
er
ge
Gegenstimme
her(ab/auf/unter)stimmen
hin(ab/auf/unter)stimmen
hoch/höherstimmen, Hoch/Höherstimmung
nachstimmen, Nachstimmer, Nachstimmung
rück
überstimmen
unter
umstimmen, Umstimmung
verstimmen, Verstimmung
vorstimmen, Vorstimmer, Vorstimmung
weg
wi(e)der
zer
zustimmen, Zustimmung

Missstimmung
tief(er)stimmen

klingen
Klang, Klinke, Klinge, Klingel, klingeln, klanglich

abklingen, Abklang
anklingen, Anklang
aufklingen, Aufklang
ausklingen, Ausklang
be
Beiklang
durchklinge(l)n
einklingen, Einklang
ent
erklingen
ge
entgegenklingen, Gegenklang
her(ab/auf/aus/ein/über/unter)klinge(l)n
hin(ab/auf/aus/durch/ein/über/unter)klinge(l)n
Hochklang
nachklingen, Nachklang
zurückklinge(l)n
überklingen
Unterklang
umklingen
verklingen
vorklingen, Vorklang
weg
widerklingen, Widerklang
zer
zu

mitklingen
Missklang
Wohlklang

denken
Denke, Denker, (un)denkbar

ab
Andenken, Andacht
auf
ausdenken
bedenken, Bedacht, bedenklich
bei
durchdenken
(sich) eindenken
ent
erdenken, erdenklich
gedenken, Gedanke, Gedächtnis
Gegendenk
her(bei/zu)denken
hin(ein/aus/zu)denken
hoch
nachdenken, Nachdenker, nachdenklich
zurückdenken
überdenken
unter
umdenken
verdenken, Verdacht
vordenken, Vordenker
wegdenken
wi(e)der
zerdenken
zu

spielen
Spiel, Spieler, Spielerei, spielend, spielbar, Spelunke, spielerisch

abspielen, Abspiel
anspielen, Anspiel(ung)
aufspielen
ausspielen, Ausspielung
bespielen
Beispiel
durchspielen, Durchspiel
einspielen, Einspielung
ent
erspielen
Gespiel(in)
Gegenspieler, Gegenspiel
her(ab/ein/über/unter/um)spielen
hin(ab/auf/aus/durch/ein/über/unter/zu)spielen, Hinspiel
hochspielen
nachspielen, Nachspiel
zurückspielen, Rückspiel(ung)
überspielen, Überspielung
unterspielen
umspielen
verspielen
vor(bei)spielen, Vorspiel
wegspielen
Widerspiel, Wiederabspiel, Wiedereinspielung
zerspielen
zuspielen, Zuspiel

abstand	absatz	ablage
anstand	ansatz	anlage
aufstand	aufsatz	auflage
verstand	versatz	verlag
vorstand	vorsatz	vorlage
zustand	zusatz	zulage

entstanden	entsetzt	entlegen
erstanden	ersetzt	erlegt
bestanden	besetzt	belegt

lagerstand
stehsatz
sitzliege

wer sich in deine **lage**

ver**setzt**

ver**steht** dich

ich habe einen
stehen
sitzen
liegen

Auslage
Auslese
Leser
Schriftsteller
Schriftsetzer
Verleger
Auslage

verziehen **verzeihen**

verziehung **verzeihung**

verzug **verzicht**

ein zeuge gibt zeugnis

zeugen – erzeugen – überzeugen

hören

horchen

gehören

gehorchen

wegen
Weg, weg, Wegung, Wegnis, wegig

abwegen, Abweg(ung), abwegig
anwegen, Anweg
Aufweg, aufwegig
auswegen, Ausweg, auswegig
bewegen, Bewegung, beweglich
Beiwegung
durchwegen, Durchweg, durchwegig, durchweg(s)
einwegen, Einweg, einwegig
entwegen, Entwegung
erwegen, Erwegung
gewegig
gegenwegen, Gegenweg, gegenwegig
her(an/bei)wegen, Herweg
hin(durch/zu)wegen, Hinweg
hochwegen, Hochweg, hochwegig
nachwegen, Nachweg, Nachwegung
rückwegen, Rückweg, rückweg(s)
überwegen, Überweg, überwegs
unterwegen, Unterwegung, unterwegs
umwegen, Umweg, umwegig
verwegen, Verweg, Verwegnis, verwegig
vorwegen, vorweg
wegwegen, Wegweg
wi(e)derwegen, Wi(e)derweg, widerwegig
zerwegen, Zerwegung, zerwegt
zuwegen, Zuweg

erinnern

aninnern
ausinnern
beinnern
erinnern – entrinnen
entrinnern – errinnen
eininnern
fortinnern
hininnern
herinnern
verinnern
zerinnern
zuinnern
zerrinnern

Deckel

der
das
die

aufmerken – abmerken

einschnappen – austicken
ausrasten – einnicken

einhagen – aushecken
einfühlen – abschmecken

abfliegen – einfallen
durchschmiegen – abknallen

einliegen – abschnallen
einlullen – verfallen

erleuchten – entleuchten

immer wėder

wėdersprechen
wėderschauen
wėderfinden
wėderstehen
wėdersetzen
wėderlegen
wėderstreben
wėderwärtig
wėderklingen
wėderfahren
wėderborstig
wėderscheinen
wėderrufen
wėderreden

wieder sein
wider sein
widder sein

satz
auf
stand
ein
halt
in
takt
kon
kurs
vor
lage
ab
gabe
zu
tritt
rück
zug
durch
gang
über

satz
auf
stand
ein
halt
in
takt
kon
kurs
vor
lage
ab
gabe
zu
tritt
rück
zug
durch
gang
über

die an deck decken wieder etwas auf
die im heck hecken wieder etwas aus
warte gegenwart warte
jetzt schichten wir geschichte

Das Leben ist ein

Ereignis
Vereignis
Zereignis
Enteignis
Verzeichnis
Entweichnis
Bekleidnis
Beweisnichts
Bezeichnis
Ersteignis
Bescheidnis
Entleihnis
Verzweifnis
Verheißnis
Entweihnis
Erteilnis
Verweilnis
Enteilnis

streichen
streicheln

eichen
eicheln

reichen
reicheln

weichen
weicheln

handeln
handen

wandeln
wanden

windeln
winden

schwindeln
schwinden

regeln
regen

segeln
segen

klingen
klingeln

zahlen

zählen

Ein Kommen und Gehen

ankommen
angehen
aufgehen

vollkommen
willkommen

Eingang
Auskunft
Ausgang

weitergehen

gehen
kommen
gehen
Ausgang
Unterkunft
kommen
kommen
kommen

Aufgehen
Niederkunft
Ankömmling
Nachkomme
bekommen

Einkommen
Auskommen
Abkommen
Weiterkommen

Übereinkünfte
es geht
Vorkommnisse
gäng
Übergänge
gängig

umgänglich
umgehen
mitkommen
mitgehen
weitergehen

hintergehen
Vergehen
Verkommnisse
dahinterkommen
zuvorkommen

zurückgehen
niedergehen
untergehen
umkommen

Abgang
Zukunft

lebenslauf

teilen
einteilen
austeilen

meilen
eilen
weilen
zeilen
feilen

zeit
eilt
weilt
heilt
teilt

in den abruzzen

ab und zu stehen
ab und zusitzen
ab und zulegen
ab und zunehmen
ab und zu nehmen
ab und zuwenden
ab und zu trauen
ab und zu tanzen
ab und zu leben
ab und zukunft
ab und zuschlag
ab und zusatz
ab und zustand
ab und zufuhr
ab und zuber
ab und zusage
ab und zugabe
ab und zugabo
ab und zu gabi
ab und zulage
ab und zu frage
ich mich
ab und zugleich
abb und zureich
ab und zu ende
ab und zucker
ab und zuger
ab und zug
ab und zu
ab + zu
abzu
abu
au
a

nasen laufen
füße riechen

greifen
greife
greiff
griff
grip
grips
gripen
grippe
gerippe

gericht
gerecht
gerächt

habacht
obacht
habicht

rauchlachs
lauchreis
eislauf

haus
spiel haus bau plan
haus bau plan spiel
bau plan spiel haus
plan spiel haus
spiel haus
haus
spiel haus bau plan
haus bau plan spiel
bau plan spiel haus
plan spiel haus
spiel haus
haus
spiel haus bau plan
haus bau plan spiel
bau plan spiel haus
plan spiel haus
spiel haus
haus
spiel haus bau plan
haus bau plan spiel
bau plan spiel haus
plan spiel haus

bau plan spiel
bau plan spiel haus
plan spiel haus bau
spiel haus bau plan
bau
bau plan
bau plan spiel
bau plan spiel haus
plan spiel haus bau
spiel haus bau plan
bau
bau plan
bau plan spiel
bau plan spiel haus
plan spiel haus bau
spiel haus bau plan
bau
bau plan
bau plan spiel
bau plan spiel haus
plan spiel haus bau
spiel haus bau plan
bau

lass uns eins alben und
lass uns eins alzen

lass uns eins ammeln und
lass uns eins tampfen

lass uns eins chauen und
lass uns eins chicken

lass uns eins chlagen und
lass uns eins chrauben

lass uns eins chlummern und
lass uns eins chrumpfen

lass uns eins tehen und
lass uns eins itzen

lass uns eins pähen und
lass uns eins pitzen

lass uns eins innen und
lass uns eins ausen

lass uns eins pinnen und
lass uns eins prechen

lass uns eins töpseln und
lass uns eins tülpen

lass uns eins ickern und
lass uns eins enden

lass uns eins tanzen

wir sitzen los
der gegenwart entwegt sich
und besatzer besetzen besitzstände
versessene vertreter verstehen verträge
verlag entdeckt belege im lagerbestand
ein herzhügelgruß zwerchfellt steilan
da zerglaubt fahrmacht zutätlich
verschwindig untersingt entweilung ihrer hinkunft
und unverweigerlich entschießt gegenwärts
einzählen – abzählen – ausgezählt
der überstand

von der besitzstandgrundlage zur liegesitzeinstellung

Vom Gehölz ins Unterholz

Das Wort *stehen* allein hat zwei Dutzend Facetten. Sie sind hier beispielhaft für alle Verben aufgeführt. Darauf folgen die Komposita. So ergeben sich rund 300 Bedeutungen, wobei Wörter wie *Standbein* oder Fremdwörter wie *stand-by* nicht berücksichtigt sind.

stehen
in aufrechter Haltung: Ich stehe neben dem Fenster, der Baum steht im Hof.
sich stellen: Steh in die Ecke.
einen Wert anzeigen: Das Thermometer steht bei 10 Grad, Spielstand 2:2
von Bauwerken, vorhanden sein: Das Haus steht schon lange hier.
Stadium: Der Weizen, die Sache steht gut.
Sport, Turnen: einen Sprung sicher stehen
nicht mehr laufen: Das Auto, die Maschine stand still.
von einer Nachricht: Das steht so in der Zeitung.
menschliches Verhältnis: Er steht gut mit dem Dorfpolizisten.
von jemand abhängen: Die Entscheidung steht (auch: liegt) ganz bei dir.
fertig sein: in zwei Tagen muss die Sache stehen.
für etwas stehen: Die Marke steht für Qualität.
sich bekennen: zu seinem Wort oder zu jemand stehen
Strafmaß: Darauf steht Gefängnis bis zu drei Jahren.
Kleidung: Das steht dir gut.
mögen: Wir stehen auf Rock.
vom Wind: Der Wind steht günstig, steht nach Norden.
wenn Wasser ruht: Das Wasser stand (still).
verfügbar sein: zur Wahl stehen
anstelle von *müssen*: Das steht zu erwarten.
stehen bleiben: anhalten

Stehen, das

Steher
Pferd mit besten Leistungen über lange Distanz
Radfahrer hinter dem Tempomacher
in Ordnung, zuverlässig: Du bist ein Steher.

Stehsatz: Text, der immer gleich bleibt

Stand
das Stehen: einen sicheren Stand haben
Entwicklung: der Stand der Dinge
Zustand: Das Haus ist gut im Stand.
Menschen: vom gleichen Stand, Berufsstand
Kanton: Ständemehr
Standesamt, der Stand der Ehe
Gestell: der Stand mit dem Gemüse, der Hochstand im Wald
Führerstand
Musikstück: Ständchen bringen
aus dem Stegreif: aus dem Stand
Standgericht

Stande: die, Fass, Bottich

Standarte
kleine, viereckige Flagge
Schwanz von Wolf und Fuchs

Ständer
Gestell: Hutständer
Penis: einen Ständer haben

fortgesetzt: Er nervt **ständig.**
ständisch: standesgemäß

standfest
Die Leiter ist standfest.
Er blieb in seinem Ansinnen standfest.

unbeirrbar: Er blieb **standhaft.**

Standhalten, das

standhalten
trotz Belastung nicht brechen: Der Damm hielt stand.
bestehen: Die Behauptung hält den Überprüfungen stand.

(an)statt
Konjunktion: statt dass du nachgibst
Präposition: statt einer Münze gebe ich dir
an jemandes statt, stattdessen

historische **Stätte**, Wohnstätte, Werkstätte (auch: Werk**statt**)
stattfinden: Das Turnier fand in Baden statt.
gestattet, legal: Es ist **statthaft**, Waren im Ausland zu kaufen.
stattlich: beachtlich, beträchtlich: ein stattlicher Mann, eine stattlicheVilla
Gestade: Ufer, Küste

abstehen
mit Abstand: Der Schrank steht einen Meter von der Wand ab.
nicht anliegen: abstehende Ohren
abgestandenes Wasser
Abstehen, das
Absteher: Figur im Kunstkraftsport

Abstand
Entfernung: in sicherem Abstand
Zurückhaltung: Abstand wahren
innere Distanzierung: Abstand nehmen
bei Weitem: mit Abstand
Spanne zwischen Zeitpunkten: ein Abstand von zehn Minuten

abständig: absterbend, dürr; ein abständiger Baum

abstatten
Besuch
Bericht

Abstatten, das
Abstattung

anstehen
in einer Reihe anstehen
auf Erledigung warten: Eine Arbeit steht an.
zu etwas passen: Das würde dir gut anstehen.

Anstehen, das

Anstand
schickliches Benehmen
Anstand nehmen, beanstanden

anständig
Gesinnung: ein anständiger Mensch
genügend: ein anständiges Einkommen
ziemlich: anständig Prügel beziehen

aufstehen
sich erheben
nicht mehr aufstehen: sterben
am Morgen das Bett verlassen: früh aufstehen
rebellieren: gegen Ungerechtigkeit aufstehen
auf dem Boden stehen: Der Tisch steht fest auf dem Boden auf.
offen sein: Das Fenster steht auf.

Aufstehen, das
Aufstand: Empörung, Aufruhr
aufständisch: aufrührerisch, im Aufstand
Aufständische: Menschen im Aufstand
aufständern: Technik auf Ständern errichten

ausstehen
zur Auswahl stehen: Die neuen Modelle stehen draußen aus.
noch nicht eingetroffen: Die Antwort steht noch aus.
aushalten: Todesängste ausstehen
ausgestanden haben: sterben
mögen: Ich kann dich nicht ausstehen.

Ausstand
streiken: in den Ausstand treten
ausstehendes Geld: Aus(sen)stände
kleine Abschiedsfeier: den Ausstand bei einem Glas Wein geben

ausständig: noch ausstehend

ausstatten
mit etwas versehen, ausrüsten
einrichten: Innenausstattung

Ausstattung
Ausrüstung
Gestaltung, Schmuck, Interieur
Mitgift

bestehen
existieren: das bestehende Abkommen
von Bestand bleiben: Kann dieser Laden so bestehen?
Zusammensetzung: Der Tisch besteht aus Buche und Ahorn.
sein Wesen haben: Die Arbeit besteht aus Rechnen und Planen.
eine Prüfung bestehen
sich bewähren: Diese Leistung kann vor jeder Kritik bestehen.
auf etwas beharren: Ich bestehe darauf.

Bestehen, das

Bestand
Fortdauern: den Bestand sichern
Menge, Vorrat: Lagerbestand
im Wald: lichter Bestand von Eichen und Buchen

beständig
dauernd, ständig
gleichbleibend
widerstandsfähig

bestatten: begraben
Bestatten, das
Bestattung
Bestatter

beistehen
helfen, zur Seite stehen

Beistand
Hilfe, Unterstützung
Vormund, Beistandschaft

beiständig: behilflich

durchstehen: hinter sich bringen
Durchstehen, das

einstehen
garantieren: Ich stehe für dich ein.
bürgen: Ich stehe für die Kosten ein.

Einstehen, das
eingestehen: zugeben
Eingeständnis

Einstand
Beginn eines Arbeitsverhältnisses
zum ersten Mal spielen: ein toller Einstand
unentschieden

entstehen
zu sein beginnen: Ein neuer Stadtteil entsteht.
sich aus etwas ergeben: Daraus entstehen keine Kosten.

Entstehen, das

erstehen
aufs Neue erstehen, auferstehen
aufstehen, sich erheben
Synonym zu entstehen: Daraus erstehen große Schäden.
kaufen: Ich erstand ein Taschenmesser.

auferstehen
Auferstehen, das
Auferstehung

erstatten
Geld zurückgeben
Bericht erstatten
Erstattung

Fortbestehen, das
Fortbestand

gestehen: ein Gefühl oder eine Tat (vor Gericht) zugeben, eingestehen
Geständnis: etwas zugeben
geständig

gestatten

entgegenstehen
behindern: Dem stehen Hindernisse entgegen.
Widerspruch: Seine Behauptung steht jeder Realität entgegen.

Entgegenstehen, das

Gegenstand
Objekt, Körper
Objekt, Topos: Gegenstand unseres Gesprächs ist
Ziel: Der Gegenstand seiner Liebe ist

Die Blätter sind **gegenständig** angeordnet.

gegenständlich
auf die Dinge bezogen, dinglich, konkret
figurative Kunst

(hier)**herstehen:** sich (hier)herstellen
herausstehen
herumstehen
Herumstehen, das
hervorstehen

hinstehen
Hinstehen, das
hinausstehen
hineinstehen
hinüberstehen: sich hinüberstellen
hinzustehen: sich dazustellen
dahinstehen: fraglich sein

dahinterstehen
unterstützen: Wir stehen dahinter.
die Kraft hinter etwas: die Botschaft, die dahintersteht

Dahinterstehen, das
hintanstehen
Hintanstehen, das

hochstehen: Seine Haare stehen hoch.

Hochstand: Hochsitz

hochstehend
Stellung: hochstehende Persönlichkeiten
Entwicklungsstand: hochstehende Zivilisation, qualitativ hochstehend

imstande sein

Missstand

nachstehen: Er steht mir in nichts nach.
Nachstehen, das
nachstehend: weiter unten, an späterer Stelle
niederständig: nicht hoch wachsend, von kleiner Statur

zurückstehen
weiter hinten stehen: Das Haus steht etwas zurück.
weniger wert sein: Wir dürfen da nicht zurückstehen.
hintanstehen: Für ihn stehe ich gerne zurück.

Zurückstehen, das

Rückstand
was übrig bleibt: die Rückstände der Verbrennung
fälliger Betrag: Mietrückstand
Abstand im Sport: Sein Rückstand betrug fast zwei Minuten.

rückständig
unterentwickelt: ein rückständiges Land
altmodisch: rückständiges Denken
rückständigen Lohn einklagen

überstehen
über etwas hinausragen
etwas hinter sich bringen

Überstehen, das

überständig
noch nicht geerntet: überständiges Obst
übrigbleiben: der überständige Rest

Überständer: nicht mehr weiter wachsender Baum

unterstehen
sich unter einem Dach unterstellen
jemandem unterstellt sein
unter Kontrolle sein: ständiger Kontrolle unterstehen
Warnung: Untersteh dich!

Unterstehen, das
Unterstand: Stelle, wo man sich unterstellen kann.

Unterständer
Stützbalken, Pfosten
unterer Teil des Schildes (Heraldik)

unterständig: unterhalb von Blütenhülle und Staubblättern (Botanik)

umstehen
defekt sein: ein umgestandener Traktor
von einer Stelle wegtreten: Steh ein wenig um, damit ich den Boden kehren kann.
rundherum stehen: von Weiden umstanden

herumstehen
Herumstehen, das
Herumgestehe, das

Umstand
Tatsache: ein wesentlicher Umstand
unter Umständen, ohne Umstände
verzögernde Handlung oder Äußerung: Nur keine Umstände!
schwanger: in anderen Umständen

umständlich
mühsam, zeitraubend: Das ist mir zu umständlich.
vollständig: Wir haben das umständlich durchgesprochen.

umstandshalber, umständehalber
Umständlichkeit

Urständ: Auferstehung

verstehen
deutlich hören: Ich verstehe dich trotz dem Lärm.
den Sinn erkennen: verstehe ich nicht
zu Verstehen geben
Das versteht sich von selbst.
jemanden in einer bestimmten Weise sehen: Er versteht sich als Künstler.
Kaufmannssprache: Der Preis versteht sich ab Werk.
etwas richtig finden: Ich verstehe deinen Ärger.
mit jemand auskommen: Er versteht sich nicht besonders mit seinem Bruder.
etwas können: Er versteht sein Handwerk.

Verstehen, das

Verstand
Fähigkeit des Verstehens, zu urteilen, Schlüsse zu ziehen
Verstand annehmen: vernünftig werden
Verstand verlieren: wahnsinnig werden
mit Verstand essen: Sorgfalt, Bewusstsein
verständig: klug, einsichtig, vernünftig

verständigen
benachrichtigen: die Feuerwehr verständigen
(sich) verständlich machen: Wir verständigten uns mit einem Dolmetscher.
sich einigen: Wir konnten uns gütlich verständigen.

Verständigung
Verständigung der Feuerwehr
Verständigung am Telefon mit schlechter Verbindung
Verständigung auf einen Kompromiss

verständlich
verständliche Aussprache
verständliche Gefühle

Verständlichkeit

Verständnis
wie man etwas versteht: Das ist wichtig für das Verständnis der Angelegenheit.
sich in jemandes Lage versetzen können: Ich habe Verständnis für dich.

Einverständnis
Billigung, Zustimmung: Ich gebe dir mein Einverständnis.
Einigkeit: Es herrscht Einverständnis.

zustimmen: Ich bin **einverstanden**.
einverständlich: einvernehmlich
Er nickte **einverständig.**

missverstehen
Missverständnis
missverständlich

vorstehen
eine Linie übertreten: Das Haus steht etwas vor.
an der Spitze stehen, regieren: einer Behörde vorstehen

das vorher Gesagte, **Vorstehende**
Vorsteher einer Schule

Vorstand
leitendes Gremium eines Unternehmens
Person: Er ist Vorstand geworden.

bevorstehen

wegstehen: wegstehende Haare
Wegstehen, das

widerstehen
einer Neigung nicht nachgeben: dem Alkohol widerstehen
aushalten können: Dieses Material widersteht jeder Belastung.
Widerstand entgegensetzen: einem feindlichen Angriff widerstehen
Ekel hervorrufen: Dieses Gericht widersteht mir.

Widerstand
mit oder ohne Gewalt Widerstand leisten
Organisation: dem Widerstand angehören
Hemmnisse: Trotz aller Widerstände kam sie ans Ziel.
Druck, Kraft: Widerstand der Strömung
Teil zur Hemmung des Stromflusses: einen Widerstand einbauen

widerständig: widerborstig
Widerständler: Angehöriger des Widerstands

wiederabstatten
Wiederabstattung
wiederbestatten
Wiederbestattung
wiedererstatten
Wiedererstattung

zustehen
zu, geschlossen sein: Die Tür steht zu.
ein Anrecht haben: Das steht mir zu.

Zustand
Beschaffenheit: in einem natürlichen Zustand
Lage, Situation: Das ist ein unmöglicher Zustand.

zustande bringen/kommen: etwas bewirken / gelingen

zuständig
verantwortlich
wohnberechtigt: nach Eisenach zuständig

zuständlich: den aktuellen Zustand betreffend
Zuständigkeit: Befugnis, Kompetenz: Das fällt nicht in unsere Zuständigkeit.
Zugeständnis: Entgegenkommen, Verzicht

zustatten

Wer es ganz genau wissen will traut den wörtern nicht ganz

Impressum
Beat Gloor: Der kleine deutsche Wortschatz

Lektorat: Michel Mettler, Patrick Schär
Umschlag: Werner Egli
Satz: Alberto Vieceli
Herstellung: CPI Books GmbH, Leck
1. Auflage 2017
ISBN 978-3-906913-08-7

Mit freundlicher Unterstützung der Stadt Zürich
und der Fondation Jan Michalski.

Stadt Zürich
Kultur